DORIS HEUECK-MAUSS

# Stressfreie Vorschuljahre

## Trotzköpfe, Schreihälse und Angsthasen kompetent erziehen

Kinder
verstehen
lernen

W0189388

**humboldt**

# INHALT

# VORWORT

Liebe Eltern und Großeltern,
liebe Erzieherinnen und Erzieher,

Kinder großziehen ist nicht immer leicht! Der tägliche Umgang mit den Kleinen stellt uns täglich vor neue Herausforderungen, da Kinder oft ganz andere Bedürfnisse und Wünsche haben als wir Erwachsenen – was im Alltag häufig zu Konflikten führt.

Zwischen dem zweiten und sechsten Lebensjahr findet eine enorme motorische, emotionale und soziale Entwicklung statt, vom kleinen Trotzkopf zum vernünftigen Vorschulkind. Damit diese so wichtigen Jahre der sozialen Entwicklung möglichst stressfrei für Eltern und Kinder ablaufen, sollten Eltern sich ein Grundwissen über lernpsychologische Erkenntnisse aneignen – ganz so, wie ein Erstklässler sich das 1 x 1 und das ABC aneignen muss, um später rechnen und schreiben zu können.

Dieser Erziehungsratgeber hat es sich zur Aufgabe gemacht, Ihnen dieses ABC zu vermitteln. Besonders wichtig ist dabei die Erkenntnis, dass elterliches und kindliches Verhalten immer in Wechselwirkung stehen und die meisten Alltagskonflikte durchschaubar und lösbar sind, da es sich um Zielkonflikte handelt.

Typische Beispiele werden beschrieben, erklärt und anschließend Veränderungsmöglichkeiten aufgezeigt. Hilfreiche Tipps und Zusammenfassungen helfen Ihnen dabei, den Alltag mit Kindern durchschaubarer und entspannter zu meistern.

Familienleben ist und bleibt ein lebenslanger Lernprozess und ist die beste Schule für Eltern und Kinder.

Ihre
Doris Heueck-Mauß
*Diplom-Psychologin*

# VOM DREIKÄSEHOCH ZUM SCHULKIND

## Sprechen und verstehen

### Sprechen lernen beginnt schon mit der Geburt

Kaum ist das Kind auf der Welt, gibt es Geräusche von sich, und es dauert nicht lange, dann können Eltern die kindlichen Lautäußerungen unterscheiden. Sie hören, ob das Kind Hunger hat oder Langeweile, ob es müde ist oder ob es das Bedürfnis nach Hautkontakt hat und getragen werden möchte.

Auch das Baby ist „ganz Ohr" und lauscht aufmerksam, wenn die Eltern mit ihm sprechen. Schon im Mutterleib kann es zwischen weiblichen und männlichen Stimmen unterscheiden, ja sogar unterschiedliche Sprachen kann es wahrnehmen. Alle Sinne, vor allem das Hören und der Hautsinn, sind schon voll im Einsatz. Deshalb sind dem Baby viele Stimmen, Töne und Melodien sowie Berührungen nach der Geburt bereits vertraut.

Im ersten Lebensjahr lernt das Kind Worte und Begriffe, kann diese aber noch nicht aussprechen, da sich die Zungenmotorik noch entwickeln muss. Eltern-Kind-

Dialoge finden über Doppellaute statt, das Baby brabbelt aber auch alleine vor sich hin, wenn es zufrieden ist. Am Ende des ersten Lebensjahres hat es schon ungefähr fünfzig Wörter abgespeichert und mit sechzehn Monaten sprechen 90 Prozent der Kleinkinder Einwortsätze und können Begriffe zuordnen. Mit zwei Jahren verständigt sich das Kleinkind mit Zweiwortsätzen: „Mama eia!", „Papa spielen!", „Mimi haben!" etc.

Bis das Sprechen als psychomotorischer Vorgang erlernt ist, vergehen drei Jahre, dann werden Drei- und Mehrwortsätze gesprochen. Dabei sind Kleinkinder häufig sehr kreativ bei der Wortwahl – zum Beispiel „Popi" für den Opa, den Vater vom Papa. Diesen Namen verwenden dann alle in der Familie. Kinder sollten in diesem „Wortfindungsalter" zwischen zwei und drei Jahren weder korrigiert noch ausgelacht werden. Als Eltern wiederholen Sie das Wort aber richtig: „Ach, mit Mimi meinst du deine Milch!"

> Als Erwachsene dürfen Sie die Phantasiewörter Ihrer Kinder richtig wiederholen.

Gerade Großeltern neigen zur Babysprache, wenn das Kind noch so klein und niedlich ist: „Gib der Oma das Patschehändchen" oder „Magst du namnam?" oder „Sollen wir heia machen?". Das ist in Ordnung, doch auch hier sollten die Begriffe danach in der Erwachsenensprache benannt werden.

### Sprachverständnis

Das Sprachverständnis als kognitiver Vorgang entwickelt sich schneller als das Sprechen und setzt bereits ab dem fünften Lebensmonat ein. Das Baby erkennt seinen Namen, Mama und Papa, Gegenstände und Begriffe wie heiß, kalt, aua, ja und nein. Es kann kleinere Aufforderungen verstehen, wie „Gib mir den Teddy!", „Nimm den Ball!", „Wo ist der Hund?".

Wie das Kind ab dem dritten Lebensjahr spricht, in Babysprache, im Dialekt oder grammatikalisch richtig, lernt es durch Nachahmung der Erwachsenen. Sprechen ist zwar genetisch angelegt, das Kind braucht aber Anregung, Sie müssen sich mit ihm beschäftigen. Das Kind muss Sprache hören, um sich später ausdrücken zu können. Sprechen Sie mit Ihrem Kind, lesen Sie ihm Geschichten vor. Ermutigen und bestärken Sie Ihr Kind in seinem Sprechen, so kann es sich später frei und ohne Hemmungen oder Sprachlücken artikulieren. Die Eltern sind das Sprachmodell ihrer Kinder! Das kann man gut bei den kindlichen Rollenspielen erkennen, wenn das Kind in eine Elternrolle schlüpft und Papa oder Mama in Tonfall oder Wortwahl, aber auch Mimik und Gestik genau widerspiegelt. Manche Eltern erschrecken und erkennen sich kaum wieder: „Was, so laut und im Befehlston rede ich mit meinem Kind?"

Selbstbewusste Dreijährige sind kleine Plaudertaschen und übernehmen schon Formulierungen von den Großen. Gehemmte oder entwicklungsverzögerte Kinder sind eher still, man muss ihnen jedes Wort entlocken, oft drücken sie sich nur über Gestik und Mimik aus.

Kleine Kinder wollen sich zwar wie die Großen ausdrücken, verstehen vieles jedoch noch nicht und plappern einfach nach. Vermeiden Sie als Erwachsener Ironie und Doppeldeutigkeiten. Kinder in diesem Alter nehmen noch alles wortwörtlich, sie können noch nicht hinterfragen, sie müssen erst lernen, die Bedeutung der Wörter oder das, was manchmal noch dahinter steckt, zu begreifen. Bitte auch keine Fäkalsprache oder sexistischen Ausdrücke! Kinder sprechen auch diese Worte unbefangen aus, was in der Regel nicht gut ankommt: „Opa, du bist ein Arschloch, hat der Papa gesagt."

Auch die Gefühlswelt der Erwachsenen können Kleinkinder noch nicht erkennen. Zum Beispiel sagt die Mutter zu ihrem Kind: „Es ist zum Ver-

> Kleine Kinder nehmen alles wörtlich, sie erkennen keine Ironie oder Doppeldeutigkeit.

rücktwerden mit dir, du bist wieder unausstehlich." Wiederholt der Dreijährige dies gegenüber seiner Erzieherin, schimpft sie vielleicht mit ihm und er versteht gar nicht warum. Vorsicht: Kinder haben große Ohren und Freude am Nachahmen und Nachplappern, sie können aber noch nicht abstrahieren und nicht erkennen, dass manches, was man in der Familie so dahinsagt, nicht nach außen gehört.

## Zweisprachigkeit

Haben die Eltern unterschiedliche Muttersprachen, erziehen sie ihre Kinder häufig bilingual. Das kindliche Gehirn ist unglaublich aufnahmefähig, ein Kleinkind ist damit nicht überfordert, wenn jeder Elternteil konsequent in seiner Muttersprache mit ihm spricht. Babys befinden sich schon vor der Geburt in einem „Sprachbad" und hören täglich verschiedene Sprachen, sie sind daher fähig, von Geburt an zwei- oder mehrsprachig aufzuwachsen.

Ob der Vater Englisch spricht und die Mutter Spanisch, oder ob beide Eltern nur Arabisch sprechen – wird in der Familie eine andere als die Landessprache gesprochen, ist es sehr wichtig, dass das Kind diese auf anderem Weg frühzeitig lernt, von den Nachbarskindern, in der Spielgruppe, auf dem Spielplatz, in der Kita oder später im Kindergarten. Geschieht diese Integration erst in der Grundschule, tut sich das Kind viel schwerer, die Sprache zu lernen und die Grammatik richtig anzuwenden. In der Folge fühlt es sich schnell ausgegrenzt.

Kinder, die nur mit einem Dialekt aufwachsen und keine Standardsprache sprechen können, sind ebenfalls benachteiligt, wenn sie in die Schule kommen. Hier wäre es sinnvoll, wenn sie von klein auf die Möglichkeit hätten, mit jemandem Standardsprache zu sprechen.

Eltern sollten aber keinesfalls zwanghaft eine Fremdsprache sprechen, wenn es nicht ihre Muttersprache ist. Kinder reagieren darauf eher mit Kauderwelsch. Auch einmal die Woche eine Englischstunde im Kindergarten wird nicht zum Sprechen einer Fremdsprache reichen. Eine gute Alternative sind bilinguale Kindergärten und Schulen, die es mittlerweile in den Großstädten gibt. Hier sind die Pädagogen Muttersprachler und die Kinder werden täglich in beiden Sprachen gefördert und unterrichtet.

### DAS SPRACHVERMÖGEN DES KINDES

Die Fähigkeit zu sprechen ist angeboren, wie sich das Sprachvermögen des Kindes entwickelt, ist genetisch festgelegt. Sprechen ist ein psycho-motorischer Vorgang.

Das Sprachverständnis eines Kindes wird durch den sozial-emotionalen Umgang gefördert, also über Reden und vor allem über Vorlesen.

Mit drei Jahren sollte das Kind einfache, vollständige Sätze bilden können.

## Sprache im Kindergartenalter

Zwischen dem vierten und fünften Lebensjahr meistern gesunde und geförderte Kinder ihre Muttersprache sowohl in der Wortwahl als auch in grammatikalisch richtigen Sätzen. Dabei spielt die Bildung der Eltern eine große Rolle, aber auch die pädagogische Einrichtung und der Umgang mit den Medien. Leider verbringen schon viel zu viele Vierjährige täglich eine Stunde oder mehr vor dem Fernseher oder vor Spielkonsolen für kleine Kinder. Kinder sind davon fasziniert, und gestressten Eltern freuen sich, wenn die Kinder „beschäftigt" sind. Doch dabei kommen das soziale Miteinander und der Austausch oft zu kurz. Ganz davon abgesehen sollten Kinder bis vier Jahre insgesamt maximal eine Stunde pro Woche fernsehen. Ausgesuchte Sendungen für Kleinkinder wie „Die Sendung mit der Maus" oder „Sesamstraße" sind in Ordnung, aber auch diese sollte ein Erwachsener mit dem Kind schauen, damit die kindlichen Fragen beantwortet werden können. Als Regel kann gelten, dass Vier- bis Sechsjährige nicht länger als 30 Minuten am Tag vor dem Bildschirm sitzen sollten.

> Vier- bis Sechsjährige sollten nicht länger als 30 Minuten am Tag vor dem Bildschirm sitzen.

Stammeln oder Stottern kommt bei Vorschulkindern öfter vor, da sie schneller denken, als sie sprechen können.

Fällt Ihnen das bei Ihrem Kind auf, dann lachen Sie es nicht aus und korrigieren es bitte nicht ständig. Das würde es nur verunsichern. Besser ist der Satz: „Lass dir Zeit, sag es einfach noch mal." Sollte das Stammeln, Stottern oder Lispeln aber nach ein paar Wochen nicht aufhören, dann sprechen Sie mit dem Kinderarzt darüber, gehen zu einem Logopäden oder Kinderpsychologen. Hinter diesen Sprachauffälligkeiten können motorische, genetische, aber auch seelische Ursachen stecken. Sprache spiegelt die Beziehung – jedes vierte Kind um das sechste Lebensjahr, das sprachauffällig ist, hat psychische Probleme. Da hilft dann keine Logopädie mehr, sondern eine Kinder- und Familientherapie ist notwendig.

**SIE MACHEN ES DEM KIND VOR**

- Sprechen Sie viel mit Ihrem Kind und hören Sie ihm zu!
- Schauen Sie zusammen Bilderbücher an.
- Während der Hausarbeit oder bei längeren Autofahrten können Sie singen und Wortspiele machen.
- Sprechen Sie in ganzen Sätzen, in Ich- und Du-Form mit Ihrem Kind.

# Laufen, rennen, sich ausprobieren

So wie das Sprechen, ist auch die motorische Entwicklung genetisch festgelegt. Etwa zwischen dem zehnten und dem elften Monat macht das Kleinkind die ersten freien Schritte, dann geht es schnell: Kaum hat es sein Gleichgewicht gefunden, rennt es den Eltern auch schon davon! Das Kleinkind hat große Freude am Klettern, Springen, Toben und greift sich alles, was es erreichen kann. Es sollte sich jetzt viel frei bewegen dürfen, denn das schult den Gleichgewichtssinn. Nicht jeder Spielplatz ist dafür geeignet. Besuchen Sie die Spielplätze in Ihrer Umgebung und schauen Sie sich die Spielgeräte an, beobachten Sie, wie Ihr Kind dort spielt. Sie werden sicher Ihren Favoriten finden. Ansonsten bietet die Natur dem kleinen Forscher viele Möglichkeiten. Im Wald, im Park oder am Fluss können auch die Eltern wieder das Kind in sich entdecken, wenn sie Steine in das Wasser werfen, auf Baumstämmen balancieren oder den Ball kicken.

Schon bevor sie zwei Jahre sind, können Kinder Dreirad fahren lernen. Mit etwa zwei Jahren schaffen sie es, auf dem Tretroller zu stehen und sich abzustoßen, ab zweieinhalb können sie anfangen, mit dem Laufrad zu fahren. So sind sie bereits im Kleinkindalter ziemlich mobil. Später balancieren sie geschickt das Rad, je nach Geschicklichkeit ab vier Jahren oder auch später. Wie auch immer sich Ihr Kind fortbewegt – Sie sollten ein wenig Geduld aufbringen, damit es Zeit, Raum und Möglichkeiten bekommt, um seinen Bewegungsdrang auszuleben und seine Geschicklichkeit in seinem Tempo zu trainieren. Sie tun Ihrem Kind keinen Gefallen, wenn Sie es für jede noch so kurze Strecke in das Auto, auf den Fahrradkindersitz oder in den Fahrradanhänger setzen.

Anregungen gibt es aber auch täglich in der Wohnung. Lassen Sie sich von Ihrem Kind dabei helfen, den Staubsauger zu ziehen, Wäsche in die Maschine zu füllen und unter das Sofa zu kriechen, um einen Gegenstand rauszuholen. Es kann auch mutig auf einen festen Stuhl steigen, um den Becher aus dem Schrank zu holen, auf der Matratze hop-

> Nur über Missgeschicke lernt das Kind seine Grenzen zu erkennen, ohne mutlos zu werden.

sen und die Treppe runterspringen. Seien Sie ein Vorbild, indem Sie kurze Wege zu Fuß zurücklegen und Treppen steigen statt den Aufzug zu nehmen. Lassen Sie Ihr Kind mit anderen toben und rangeln – ein dicker Teppich fängt Stürze auf und schont die Nerven der Nachbarn.

Natürlich wird das Kind mal fallen und sich stoßen, sich ärgern, wenn es ungeschickt war. Reagieren Sie bitte gelassen, trauen Sie Ihrem Kind etwas zu – nur über Missgeschicke lernt es sich selbst einzuschätzen und seine Grenzen zu erkennen, ohne mutlos zu werden. Überbehütete Kinder von ängstlichen Müttern können mit fünf Jahren oft noch nicht mal den Einbeinstand, trauen sich wenig zu, geben schnell auf und wollen immer beschäftigt werden. Häufig stehen sie am Rand und werden somit in einer Kindergruppe schnell zum Außenseiter. Kinder, die immer gebremst werden, können aber auch aggressiv werden und der nicht ausgelebte Bewegungsdrang äußert sich in Schreien und Zerstören.

Für Kinder mit ausgeprägtem Bewegungsdrang, aber auch für Kinder, die eher bewegungsarm sind, sind Turngruppen eine gute Sache. Es gibt viele Angebote, ob Kinderturnen, Ballsportgruppen oder Kinderschwimmen. Hier lernen Drei- bis Sechsjährige, sich in einer Gruppe einzuordnen, sie entwickeln Teamgeist und sie werden über Spiel und Spaß motiviert und gefördert. Zurückstecken, mal verlieren, mal gewinnen – diese Erfahrungen sind wichtig für die Frustrationstoleranz und für das Selbstvertrauen eines Kindes und damit die beste Vorbereitung für den Kindergarten und die Schule. Mannschaftsspiele und Temposportarten eignen sich ab dem fünften Lebensjahr.

## Feinmotorik

Die Auge-Hand-Koordination, also die Feinmotorik, wird zwischen dem dritten und fünften Lebensjahr immer ausgereifter. Am besten erkennt man es an den „Männchen-

Zeichnungen" des Kindes. Mit drei Jahren zeichnet es einen großen Kopf mit zwei Strichen als Beine, mit vier Jahren alle Gliedmaßen als Striche und mit fünf Jahren wird der Körper ausgeformt und detailliert dargestellt. Das Weltbild des Kindes ist noch sehr egozentrisch, deshalb malt es das, was es weiß und was es beeindruckt, und nicht das, was es sieht. Eine realistische Abbildung der Umwelt erfolgt erst im Grundschulalter, wenn das Kind durch seine kognitive Reifung lernt zu abstrahieren.

Die erweiterte Feinmotorik und die Geschicklichkeit in beiden Händen befähigt das Kind, sich selbstständig anzuziehen, Schnürsenkel zu binden, zu basteln und zu schneiden. Auch hier sollte das Kind viele Möglichkeiten zum Ausprobieren bekommen, das fördert die spätere Ausdauer für das Lernen in der Schule, die Konzentration und Kreativität. Wenn Ihr Kind in die Schule kommt, sollte es sich selbstständig anziehen und seine Schuhe binden können, auch sollte es seine Schultasche selbst packen. Wenn Sie all dies Ihrem Kind immer abnehmen, fördern Sie Ungeschicklichkeit, Unselbstständigkeit und Abhängigkeit.

Bei der U8 oder bei der Schuleintrittsuntersuchung fällt den Kinderärzten immer häufiger eine „motorische Ungeschicklichkeit" auf (grobmotorisch und feinmotorisch), die keine hirnorganische Ursache hat. Vergleichsweise viele Kinder weisen bereits Haltungsschäden auf und sind zu dick. Das liegt nicht in der Natur des Kindes, sondern entsteht durch Bewegungsmangel und zu viel ungesunde Ernährung. Häufig kommen diese Kinder aus Elternhäusern, in denen wenig auf gesunde Ernährung geachtet wird. Darüber hinaus sind die Kinder zu oft sich selbst überlassen, den ganzen Tag läuft der Fernseher oder der PC und aus Langeweile essen sie Chips und Süßigkeiten.

**BEWEGUNG FÖRDERT DIE GEISTIGE ENTWICKLUNG**

Lernen durch Bewegung und Ausprobieren fördert die Geschicklichkeit und die Entwicklung des Gleichgewichtsinnes. Es stärkt das Selbstvertrauen und das Kind entwickelt eine gesunde Frustrationstoleranz.

Hat das Kind zu wenig Möglichkeiten, sich zu entfalten, gilt der Spruch: „Was Hänschen nicht lernt …" Denn frühe Vernetzungen im Gehirn können nicht mehr gelöscht, zelluläre Veränderungen nicht mehr rückgängig gemacht werden.

## Denken und wahrnehmen

Zwischen drei und vier Jahren beginnt das Kind, sich für die Zusammenhänge verschiedener Ereignisse und Dinge zu interessieren. Das Kind wird Sie jetzt Löcher in den

Bauch fragen: Warum ist das so? Es erwartet aber keine wissenschaftliche Erklärung, sondern eine, die in sein Weltbild und sein Verstehen passt. Fragt es zum Beispiel: „Warum regnet es?", lautet eine passende Antwort: „Es regnet, damit die Blumen, die Tiere und die Menschen Wasser haben."

Zwischen drei und sechs Jahren ist der Wissensdrang des Kindes enorm, und da es noch nicht lesen kann, braucht es Erwachsene, die mit viel Geduld antworten, Bücher vorlesen, Wissensspiele anbieten und mit dem Kind ins Museum gehen oder einen Film anschauen. Kinder öffnen uns Erwachsenen wieder die Augen. Für uns ist alles so selbstverständlich, doch wenn wir uns in die Wahrnehmungswelt eines Kindes hineinversetzen, hilft uns dies, einen neuen Blick auf die Dinge zu bekommen und die Denkweise des Kindes besser zu verstehen. Dies vermeidet auch Missverständnisse. Einfühlungsvermögen, Mitgefühl, Achtsamkeit gegenüber den Mitmenschen und der Natur – all das entwickelt sich beim Kind zwischen dem vierten und sechsten Lebensjahr. Dafür braucht es aber Vorbilder, Menschen, die ihre Augen und Herzen offen halten und bereit sind, das Kind zu leiten.

Für das Vorschulkind bekommen Vergangenheit, Gegenwart und Zukunft Bedeutung. Es wird Fragen stellen über das Leben, über Krankheiten und den Tod. Und es hat das Recht auf kindgerechte Antworten. Es spürt, wenn Erwachsene mit seinen Fragen überfordert sind oder ungeduldig werden. „Das ist noch nichts für dich, dafür bist du noch zu klein", bekommen die Kinder dann zu hören. Solche Antworten verunsichern ein Kind und es fühlt sich nicht ernst genommen. Nehmen Sie sich die Zeit, um mit Ihrem Kind über seine Fragen zu sprechen. Wenn Sie nicht wissen, was Sie sagen sollten, nehmen Sie Bücher zur Hilfe, die sich kindgerecht mit Themen wie Krankheit und Tod beschäftigen.

Mit der Erkenntnis seiner eigenen Individualität wächst auch das Interesse des Kindes am eigenen Körper. Es zeigt Neugierde auf sein Geschlecht und das der anderen. „Doktorspiele" finden zwischen Geschwistern und in Kindergruppen statt. Sie wollen wissen, warum es Männer und Frauen gibt und woher die Kinder kommen. Auch hier können Sie auf Bücher zurückgreifen, wenn Sie sich mit den Antworten schwer tun. Für diese Aufklärungsthemen gibt es sehr schöne, liebevoll gestaltete Bücher mit Zeichnungen, die ein Kind in diesem Alter gut anschauen und verstehen kann. Schauen Sie diese Bücher aber bitte mit Ihrem Kind zusammen an, dann können Sie seine Fragen beantworten und ihm die Nähe geben, die es braucht. Kinder sollen frühzeitig erfahren, dass sie als Person mit ihrem Körper und ihrem Geschlecht einmalig sind und sie sich schützen dürfen.

**KLEINE KINDER SEHEN SICH ALS MITTELPUNKT DER WELT**

Da Kinder bis zum fünften Lebensjahr noch sehr magisch denken und sehr emotional reagieren, sollten ihre Fragen anschaulich und in bildhafter Sprache beantwortet werden.

Ein Kind sieht sich im Mittelpunkt seiner Welt. Seine Umgebung, seine Familie sind die Welt und seine Eltern sind seine Beschützer. Diese Erfahrungen prägen ein Kind nachhaltig.

Erst mit acht Jahren können Kinder logisch denken, vergleichen und erkennen, dass es auch noch andere Kulturen, Familien und Welten gibt.

## Spielen und erforschen

Wahrnehmen, denken und spielen, also die Wahrnehmungen verarbeiten, diese Vorgänge gehören in der kindlichen Entwicklung eng zusammen.

Erwachsene spielen, um abzuschalten, um sich vom Alltag abzulenken. Ganz anders beim heranwachsenden Kind: Es verarbeitet seine Erfahrungen nach und nach im Spielen. In seinem Spiel setzt es seine Phantasiewelt um, dafür nimmt es selbst verschiedene Rollen ein, Gegenstände und Stofftiere werden beseelt. So kann ein simpler Stock stundenlang ein Hund, ein Pferd, ein Kind sein, und wehe, man nimmt ihm den Zauber, indem man es auffordert: „Wirf doch endlich den Stock weg!"

Ab dem dritten Lebensjahr entstehen richtige Inszenierungen: Kleiderschränke werden zu Häusern, Betten zu Piratenschiffen, aus Sofakissen und Decken werden Höhlen gebaut, sodass das Wohnzimmer nicht mehr von Erwachsenen betreten werden darf. Der Flur wird zur Schlittschuhbahn, und ausgerechnet der Küchentisch wird zur Zirkusbühne umfunktioniert, auf der alle Stofftiere Platz nehmen müssen. Kommen Mutter und Vater dazu, werden sie gleich mit bestimmten Rollen in die Inszenierung eingebunden, und wehe, man hat keine Zeit! Dann ist die Enttäuschung groß und laut. Also lassen Sie sich lieber auf diese Rollenspiele ein, sie können sich bei Bedarf auch mit dem Alltag kreuzen: So bekommen die Ritter plötzlich großen Hunger und ziehen in die Küche.

Kinder leben im Spiel all ihre Wünsche, Ängste und Sorgen aus, sie spielen oft alleine und nehmen verschiedene Rollen ein, oder sie binden andere Kinder mit ein. Wenn die Kinder im Vorschulalter über das Spiel ihre täglichen Eindrücke mit allen Sinnen und ihrer Bewegungsfreude verarbeiten können, wenn sie ihrer blühenden Phantasie freien Lauf lassen dürfen, indem sie sich Geschichten ausdenken, werden sie seelisch gesund und stark sein. Eine

Spielkonsole kann niemals ein Phantasiespiel ersetzen, da alles vorgegeben ist und Kinder nur mehr passiv konsumieren.

## Gemeinsames freies Spielen

Lasst Kinder unter Kinder! Auf dem Spielplatz, im Kindergarten oder in der Ferienfreizeit wachsen Kinder als Gruppe oder Bande zusammen. Sie erzählen sich Gruselgeschichten, messen ihre Kräfte, toben und raufen, üben sich in Geschicklichkeits- und Rauswurf-Spielen. Trotz Medienvielfalt sind Kinder in ihren Spielen und Phantasien sehr „altmodisch". Sie spielen aus sich heraus und motivieren sich gegenseitig. Sie brauchen dafür keine Erwachsene, die sie bespaßen, keine Eltern, die aufpassen (Erwachsene sind eher Spaßkiller), keine Eventagentur zur Planung von Geburtstagen!

Durch die erweiterten feinmotorischen Fähigkeiten wird das Kind um das fünfte Lebensjahr Werke schaffen wollen: mit Legosteinen, Playmobil oder Fischertechnik. Gerne wird auch getöpfert oder mit Holz oder Papier gebastelt. Steht ein Garten zur Verfügung, werden Hängebrücken gebaut oder Baumhäuser. Das fördert Geduld und Konzentration. Das Kind entwickelt ein Qualitätsbewusstsein, lernt durch Versuch und Irrtum und braucht Durchhaltevermögen, bis das Werk zu seiner Zufriedenheit fertiggestellt ist. Erwachsene sollten möglichst keine Tipps geben oder gar kritisieren, denn Kinder sollten eigene Erfahrungen machen dürfen, dann sind die Motivation und der Stolz umso größer.

Kinder, die nicht spielen dürfen – aus welchen Gründen auch immer –, wirken ernst, gehemmt, traurig und werden passiv. Kinder, die zu früh lernen müssen, ob Fremdsprachen, ein anspruchsvolles Musikinstrument oder was auch immer die Eltern ihnen verordnen, werden ihrer Phantasie und Lebendigkeit beraubt. Sie mögen zu angepassten kleinen Wunderkindern werden, die Eltern stolz vorzeigen, aber man hat sie ihrer Kindheit beraubt!

> Kinder, die nicht spielen dürfen, wirken ernst, gehemmt, traurig und werden passiv.

Durch Spielen lernen Kinder, sich im Leben zurechtzufinden, da hierbei primär die ganzheitliche rechte Gehirnregion angesprochen wird. Logisches Denken und Lernen wird im Grundschulalter intensiv gefördert, jetzt wird mehr die linke Hirnregion angesprochen. Erst dann kann das Gelernte im Langzeitgedächtnis abgespeichert werden.

Ab vier Jahren verstehen Kinder Spielregeln. Doch Spiele wie das bei Erwachsenen so beliebte „Mensch ärgere dich nicht" bedeutet für Kinder im Vorschulalter eher Frust. Wettbewerb und Siegen sind ihnen noch nicht so wichtig. Suchen Sie für Ihre Familienspielzeit lieber Reaktionsspiele aus, oder Spiele, bei denen etwas erraten werden muss oder pantomimisch dargestellt wird. Es gibt zum Beispiel viele Variationen von Memory, lustige Brettspiele und Kartenspiele. Spiele, die alle in Bewegung bringen, machen Spaß und fördern die Kreativität.

Sportliche Wettbewerbsspiele, wie um die Wette klettern, rennen etc. sind erst für Kinder ab fünf Jahren geeignet. Vorher ist es für sie eher frustrierend, wenn sie den Größeren nicht hinterher kommen. Sie haben noch nicht gelernt, zu verlieren und sind erst dabei, ihre Frustrationstoleranz zu entwickeln.

## ROLLENSPIELE SIND WICHTIG

Phantasie- und Rollenspiele, Geschichten erfinden und erzählen fördern Kreativität und Selbstbewusstsein des Kindes im Vorschulalter. Im Spiel verarbeitet es seine täglichen Erfahrungen. Somit kann es seine Emotionen wie Angst, Ärger, Traurigkeit und Freude im Rollenspiel ausleben.

Gemeinsames Spielen fördert den Zusammenhalt der Familie und festigt das Wir-Gefühl.

# Ich und die anderen: emotionale und soziale Entwicklung

## Emotionale Entwicklung

Das zweijährige Kind entwickelt ein Selbstempfinden, es entdeckt die Wörter „ich will" und „mein". Sein Wille wird ausgeprägter, es will mit Nachdruck seine Wünsche durchsetzen. Da es aber noch kein Zeitgefühl hat, kann es schlecht abwarten, somit wird es öfter enttäuscht und zornig werden. Seine Emotionen kann es noch nicht selbst regulieren, es versinkt ganz in seinen Wutanfall und macht seine Eltern ratlos. Das nennt man dann das Trotzalter. Diese wichtige Entwicklungsphase des Kindes habe ich in dem Ratgeber „Das Trotzkopfalter" ausführlich beschrieben.

Zwischen dem zweiten und dritten Lebensjahr will das Kind immer mehr alleine machen, wird motorisch immer geschickter und selbstständiger und kann sich sprachlich immer besser ausdrücken. Manche Eltern empfinden diese Zeit als sehr anstrengend, da das Kind so viel ausprobieren will, aber noch in seinem kindlichen Egoismus steckt.

Dreijährige haben bereits ein gutes Körperverständnis, sie empfinden sich als groß oder klein, mutig oder vorsichtig und erleben sich als Mädchen oder Junge. Das Kind lernt abzuwarten, es kann sich emotional besser steuern oder trösten lassen. Es entwickelt Fürsorge und Mitgefühl und kann seine Freude, Liebe, aber auch seinen Ärger durch zunehmende sprachliche Fertigkeiten benennen.

Mit ungefähr drei Jahren werden Eltern erleben, dass ihre Tochter ganz Papakind sein will und der Sohn nur noch die Mama toll findet. Ab dem vierten Lebensjahr weiß das Mädchen, ich werde eine Frau wie die Mama, und der Junge weiß, ich werde ein Mann wie der Papa. Das nennt man die Identifikation mit dem gleichgeschlechtlichen Elternteil; das Ich-Gefühl des Kindes hängt nun mit seinem Geschlecht zusammen. Die Tochter kokettiert mit dem Papa und möchte ihn heiraten, der kleine Sohn ist ganz Beschützer der Mama und möchte sie ebenfalls heiraten. Das Dumme ist nur, dass es da jemand anderes gibt, der Mama oder Papa schon besetzt hat.

Sigmund Freud hat diese emotional verwirrende Entwicklung beschrieben und nennt sie den Ödipuskomplex. Nach einer alten griechischen Sage erschlägt der Sohn den Vater, um die Mutter zu heiraten. Dieses Drama wiederholt sich in jeder Familie, aber glücklicherweise nur in der Vorstellung und eher mit Worten.

> Bei kindlicher Eifersucht machen die Eltern dem Kind klar: Papa und Mama gehören zusammen.

Ist der kleine Sohn zornig auf den Papa, weil dieser nicht so nett zu Mama war, sagt er schon mal: „Du sollst tot umfallen!" In seiner Welt steht der Papa aber wieder ganz lebendig auf. Ist die Tochter sauer auf die Mama, dann schreit sie wutentbrannt: „Ich hab den Papa viel lieber als dich und heirate ihn!" Das kann eine Mutter das erste Mal ganz schön treffen. Solche kindlichen Ausbrüche sind aber nicht wortwörtlich zu nehmen. Es ist Eifersucht, die das Kind plagt, gemischt mit Liebe, Rivalität und Frustration.

Wichtig ist, dass die Eltern sich nicht auf persönliche Machtkämpfe einlassen, sondern dem Kind vermitteln: Wir haben dich beide lieb – trotz deiner Wutausbrüche –, und Papa und Mama gehören zusammen. Benutzt ein Elternteil das Kind als Partnerersatz, wird es große Spannungen geben. Wie oft findet man ein Vorschulkind im Elternbett, während der andere Elternteil im Kinderzimmer schläft – und das über Monate und Jahre. Kommt es zu einer Trennung, wäre das ein ödipaler Sieg des Kindes.

Mit sechs Jahren verstehen die Jungen und Mädchen, dass sie ihre Eltern nicht heiraten können. Besteht eine positive Bindung zu den Eltern, wollen sie Mama und Papa jetzt gleichen und später mal genauso werden wie sie. Erst in der Pubertät wird sich diese Einstellung wieder ändern, dann wollen die Kinder aus Protest ganz anders werden als Papa und Mama. Aber bis dahin vergeht noch viel Zeit.

## Soziale Entwicklung

Kinder erleben schon als Zweijährige, dass sie nach ihrem Geschlecht unterschiedlich bewertet werden. Von Großeltern, Eltern oder Erziehern hören sie Sätze wie: „Du bist doch ein Mädchen, und Mädchen tun das nicht." „Du bist doch ein Junge und musst mutig sein." Auch Kleidung,

> Um Mitgefühl und Bereitschaft zum Teilen zu entwickeln, ist die Gruppe wichtig.

Spiele und Tätigkeiten betonen das unterschiedliche Geschlecht. Man sollte diese Trennung zwischen Junge und Mädchen weder forcieren noch ignorieren, denn es gibt nun mal Geschlechtsunterschiede. Ein Junge darf aber auch wie ein Mädchen sein und ein Mädchen darf sich wie ein Junge verhalten.

Mit drei Jahren kommen Kinder, die sich seelisch stabil entwickelt haben, in eine weitere Ablösephase. Sie wollen jetzt mit anderen Kindern spielen, werden gruppenfähig und sind bereit, sich neuen Situationen anzupassen und neue Regeln anzunehmen. Der kleine Egoist hat sich zum sozialen Kind entwickelt. Mitgefühl, Mitleid, sich in den anderen hineinversetzen, mit dem anderen teilen und für den anderen auf etwas verzichten, sind wichtige Eigenschaften für das Zusammenleben. Dafür ist die Gruppe so wichtig, vor allem für Einzelkinder oder Kinder aus schwierigen familiären Verhältnissen.

Mit fünf bis sechs Jahren sucht sich das Kind Freunde oder Freundinnen, mit denen es gemeinsame Interessen hat. Die Freizeit zusammen verbringen, Abenteuer überstehen und bei anderen Familien übernachten – all dies macht das Kind unabhängiger und selbstbewusster. Manche dieser Kinderfreundschaften halten ein Leben lang.

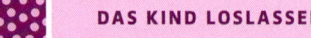

### DAS KIND LOSLASSEN

Der Entwicklungsfortschritt zwischen einem zweijährigen trotzenden Kleinkind zu einem seelisch stabilen und selbstbewussten Vorschulkind, das sich immer mehr von seinen Eltern abnabelt, ist beeindruckend und anstrengend. Es erfordert von den Eltern eine gute Bindung, viel Geduld, Verständnis, aber auch eine ständige Reflexion des erzieherischen Verhaltens. Denn die Eltern sind Vorbild für das Kind.

Es ist wichtig, das Kind loszulassen und Vertrauen in seine Fähigkeiten zu haben, sich in der Gruppe anderer Menschen zurechtzufinden. So ist es für den Schuleintritt gerüstet.

# DAS ABC DER ERZIEHUNG

Erziehung bedeutet laut Lexikon, den heranwachsenden Menschen in seiner geistigen und charakterlichen Entwicklung zu unterstützen und zu fördern, um ihn dazu zu befähigen, sich sozial zu verhalten und eigenverantwortlich zu handeln.

Das Ziel ist also klar, doch mit welchen Mitteln dies erreicht werden soll, ist keineswegs so eindeutig. Jede Eltern-Generation hat als Kind unterschiedliche Erfahrungen mit Erziehung gemacht.

## Verschiedene Erziehungsstile

Früher wurde von den Kindern absoluter Gehorsam erwartet, es wurde mit „Zuckerbrot und Peitsche" erzogen, individuelle Bedürfnisse sollten schnellstmöglich unterbunden werden. Noch in den fünfziger Jahren gab es keine Erkenntnisse aus der Entwicklungspsychologie. Die „schwarze Pädagogik" wurde in Familien, Betreuungseinrichtungen und in der Schule angewendet, zu ihren Mitteln gehören Gewalt und Einschüchterung. Den autoritären Erziehungsstil gibt es immer noch, obgleich der Begriff „elterliche Gewalt" 1986 in „elterliche und pädagogische Fürsorge" umgewandelt wurde und per Gesetz körperliche Strafen verboten sind.

Dann kam in den achtziger Jahren mit der antiautoritären Erziehung das andere Extrem. Die Kinder sollten sich frei und grenzenlos entfalten dürfen, Kinder und Erwachsene wurden zu Kumpeln. Die Ergebnisse waren erschütternd. Diese Kinder waren unsozial, respektlos, egoistisch und aggressiv. Sie forderten die Grenzen geradezu ein, die ihnen die Eltern nicht setzten, die Lehrer waren überfordert.

Der heute so beliebte materielle Stil – nach dem Motto „Wenn du das (nicht) machst, dann bekommst du eine Belohnung" – lässt Kinder schnell erkennen, dass jede Leistung eine Belohnung bedeutet. Sie werden dadurch sehr berechnend und erpressen später ihre Eltern: „Wenn du mir das nicht gibst, dann mache ich das nicht."

„Heute so und morgen so" – der inkonsequente Erziehungsstil ist für Eltern und Kinder sehr verwirrend und frustrierend, denn es gibt keine klaren Aussagen, kein nachvollziehbares Verhalten, keine klaren Regeln. Eine soziale Gemeinschaft braucht aber bestimmte Regeln, an denen jedes Mitglied sich orientieren kann, sowohl Eltern wie auch Kinder.

Weder der strafende noch der lasche noch der inkonsequente Erziehungsstil trägt dazu bei, dass sich die Persönlichkeit des Kindes entfaltet und dass es lernt, sich in der Familie und Gesellschaft „sozial erwünscht" zu verhalten!

## Das (Erziehungs-)Verhalten reflektieren

Doch welcher Erziehungsstil ist nun der richtige? Um Kinder zu selbstbewussten Mitgliedern der Gesellschaft zu erziehen, sollten Eltern und Erzieher sich auf jeden Fall dessen bewusst sein, was sie tun und ihr Verhalten reflektieren. Sie sollten etwas über die Entwicklungsstufen des Kindes und die dazugehörigen unterschiedlichen Bedürfnisse wissen. Sie sollten auch einige Regeln der Lernpsychologie kennen, zum Beispiel, dass sich das Verhalten der Erziehenden und das Verhalten des Kindes wechselseitig beeinflussen.

> Das Verhalten der Erziehenden und das Verhalten des Kindes beeinflussen sich wechselseitig.

Welchen Einfluss Erziehungsstile auf die Entwicklung des kindlichen Gehirns haben, zeigt uns heute die Neurobiologie. Das elterliche Verhalten hat im frühen Kindesalter direkte Auswirkungen auf die Vernetzungen des wachsenden Gehirns und langfristig auf das chemische Gleichgewicht im Bereich der Stressregulation, bis hin zu zellulären Veränderungen. Elterliches Verhalten kann somit positive oder negative Verknüpfungen im Gehirn eines Kindes fördern, was sich auf die Verhaltensmuster des Kindes auswirkt. Daher ist es wichtig, dass Eltern diese Wechselwirkung verstehen: Welches Verhalten hat eine günstige, welches hat eine ungünstig Auswirkung auf das kindliche Verhalten.

**Tipps**

- Setzen Sie sich mit Ihrem Partner zusammen und erzählen Sie sich, wie Sie als Kind erzogen wurden. Was Sie hilfreich fanden, was Sie vermisst haben. Wie haben Sie sich gefühlt, wenn Sie bestraft wurden? Wurden Sie nur gelobt, wenn Sie etwas geleistet haben?
- Worin unterscheidet sich Ihr Erziehungsstil von dem Ihres Partners? Wo sind Sie sich als Eltern einig, in welchen Punkten sind Sie unterschiedlicher Meinung?

## Was soll mein Kind lernen?

Erziehen hat viel mit Lernen zu tun. Das Kind soll lernen, welches Verhalten erwünscht und welches unerwünscht ist. Lernen erfolgt immer in Wechselwirkung, man nennt das „soziales Lernen". So freuen Sie sich, wenn das Kind etwas gut gemacht hat oder wenn es „gehorcht" hat. Sie ärgern sich, wenn es „bockt" oder seine Ohren auf Durchzug schaltet, sodass Sie fünfmal rufen müssen.

Das Kind lernt, wie es seine Eltern erfreuen kann, es macht ihm aber auch Spaß, sie zu ärgern oder seine Macht auszuprobieren. Das ist alles ganz menschlich. Ein Appell an die Vernunft oder viel reden hilft im Vorschulalter wenig, da die kognitiven Fähigkeiten des Kindes noch nicht entwickelt sind. Erziehen erfolgt in diesem Alter in erster Linie über Ihr Verhalten, also durch Ihr Handeln, indem Sie Hilfestellungen geben und indem Sie erkennen, mit welchem Verhalten das Kind Aufmerksamkeit einfordert und bekommt. Das Grundbedürfnis eines jeden Kindes ist es, im Mittelpunkt zu stehen und Aufmerksamkeit zu bekommen. Ihre Aufgabe als Eltern ist es, damit adäquat umzugehen.

> Lernen geschieht im Kleinkindalter überwiegend durch Nachahmen, daher sollten Sie als Eltern ein gutes Modell sein.

## Erwünschtes und unerwünschtes Verhalten

Lernen findet schon im Mutterleib statt und vom ersten Lebenstag an vermitteln Sie Ihrem Baby und später Ihrem Kleinkind, welches Verhalten erwünscht ist. So lernt es sprechen, essen und schlafen, es lernt sich anzuziehen, sich selbst zu beschäftigen und auf Sie zu hören. Kinder und Eltern lernen beide täglich durch Erfolg oder Misserfolg. Als Mutter, Vater oder Erzieherin in der Kita helfen

Sie dem Kind, erlernte Verhaltensweisen täglich zu wiederholen und damit zu festigen. Dazu gehört zum Beispiel „bitte" und „danke" zu sagen, bei Tisch sitzen zu bleiben, vor dem Essen die Hände zu waschen und nach dem Essen die Zähne zu putzen. Sie loben das Kind und zeigen Ihre Freude darüber, wenn das erwünschte Verhalten geklappt hat.

Manche Kinder brauchen erst mal viel Hilfestellung und Wiederholungen, da heißt es Geduld haben. Andere zeigen das erwünschte Verhalten sofort, das sind „pflegeleichte" Kinder, die von ihren Eltern häufig gelobt werden. Die meisten Kinder wollen aber nicht immer so, wie die Erwachsenen das wünschen. Das Kind „bockt", hat keine Lust, macht gerade das Gegenteil oder versteht noch nicht, was die Großen wollen. Es hört nur noch „Nein", erntet Kopfschütteln und ärgerliche Reaktionen der Erwachsenen. Dann heißt es schnell: „Julia ist so schwierig", „Leo ist so aggressiv", „Was machen wir falsch?". Die Großeltern meinen: „So ein freches Verhalten hätten wir uns früher nicht erlaubt, ihr verwöhnt das Kind!"

> **Jedes Verhalten ist gelernt und kann somit wieder verlernt werden.**

Natürlich lernt ein Kind „Unarten" von anderen Kindern, die es sofort zu Hause ausprobieren muss. Mit Erfolg, wenn sich die Eltern empören, dann bekommt es ja volle Aufmerksamkeit. Aber woher auch immer sie stammen: Die unerwünschten Verhaltensweisen hat Ihr Kind gelernt – und es kann sie auch wieder verlernen, und zwar indem Sie ihm dafür keine negative Zuwendung geben.

## WAS ERZIEHEN BEDEUTET

Jedes Verhalten erzeugt eine emotionale Reaktion und Erziehen bedeutet, dem Kind beizubringen, welche Verhaltensweisen erwünscht sind und welche unerwünscht sind.

Dieses Verhalten ist abhängig von der jeweiligen Situation und dem Alter des Kindes, aber auch von den Erziehungszielen der Erwachsenen. Somit findet Lernen und Erziehen ein Leben lang statt.

## Welche Erwartung habe ich an mein Kind?

Das Kind ist noch im Mutterleib, schon werden Pläne geschmiedet, was es später werden soll. Es soll es mal besser haben, als man selbst die Kindheit erlebt hat, es soll eine gute Ausbildung bekommen, Familientraditionen fortführen, Erfolg haben, seine Eltern stolz machen. Das Kind ist noch nicht geboren und schon zum Projekt geworden! Sie entwerfen ein Leben, so wie der Architekt am „Reißbrett" den Entwurf bis zum fertigen Gebäude zeichnet. Was wird schon alles in der Schwangerschaft beachtet, damit das Kind einen guten Start hat: Es werden Kurse belegt, das Kind wird schon mal bei der besten Kita angemeldet und es wird noch schnell eine größere Wohnung gesucht, damit es ein eigenes Zimmer bekommt. Mütter legen sich Lautsprecher auf den Bauch und spielen klassische Musik, damit das Kind musikalisch wird, die Schullaufbahn wird festgelegt.

Die Entwicklung einer emotionalen Bindung zwischen der Mutter und dem Baby in ihrem Bauch, die gemeinsame Freude, aber auch der Respekt vor dem neuen Lebensabschnitt kommt vor lauter Planen oft zu kurz. Vorgeburtlicher Stress – wenn auch nur durch Gedanken – wirkt sich bereits auf das Ungeborene aus. Der gesellschaftliche Druck beeinflusst auch die Erwartungen der werdenden Eltern, und Frauen stressen sich mit Fragen wie „Muttersein und Karriereknick?" oder „Beruf und Fremdbetreuung – also Rabenmutter?" Wie gut haben es da die Kinder in Agrarkulturen – ihre Mütter haben zwar keine Wahlmöglichkeiten und arbeiten bis zur Stunde der Geburt und bald danach weiter, die Kinder sind aber immer „hautnah" dabei, Tag und Nacht, und werden getragen, bis sie laufen können. Zuwendung und damit seelische Stabilität bekommen sie ganz natürlich trotz schwieriger Lebensumstände.

Wird das Kind und seine Zukunft zu einer Planung, zu einem Objekt, wird das Eltern-Kind-Verhältnis zu einem Leistungsmarathon und belastet die emotionale Beziehung zwischen Mutter und Kind sowie die Paarbeziehung. Auch Mann und Frau haben eine große Erwartung an den anderen Partner, wie sie oder

> Kinder wollen so geliebt werden, wie sie sind, sie leben im Hier und Jetzt.

er sich als Mutter oder Vater zu verhalten hat. Da ist Stress und Frustration vorprogrammiert, denn niemand hat Lust, sich auf Dauer ständig so verhalten zu müssen, wie der andere das gerne hätte. Das Grundbedürfnis nach Liebe und nach Anerkennung der eigenen Persönlichkeit kommt zu kurz. Das heranwachsende „Kind-Objekt" bekommt alle Aufmerksamkeit, lernt aber schnell, dass es nur „wertvoll" ist, wenn es sich so verhält, wie seine Eltern es wollen.

Kinder wollen aber so geliebt werden, wie sie sind, sie leben im Hier und Jetzt, sie leben den Augenblick – da lernen und gedeihen sie. Sie brauchen die uneingeschränkte Liebe der Eltern, um seelisch stabile, sicher gebundene Menschen zu werden. Das ist das Fundament, das in den ersten drei Jahren gelegt wird. Danach erst können spezielle Fähigkeiten erlernt werden. Mit einem gesunden Selbstwert und Selbstvertrauen kann das Kind seine eigenen Leistungen gut einschätzen. Kinder sind weder

Besitz noch Objekt, sie sind heranwachsende kleine Persönlichkeiten. Und wir Eltern sind ihre Wegbegleiter, die ihnen zeigen, welche Verhaltensweisen sozial erwünscht sind und welche nicht. Ein seelisch gesundes Kind entwickelt jedoch sein eigenes Lerntempo, seine Stärken, es darf genauso seine Schwächen leben und lernt über eigene Motivation durch Neugierde und Forschungsdrang. Es sollte unabhängig von seinem Geschlecht und von seinem Können respektiert und geliebt werden.

## Wie sollen sich Eltern verhalten?

Erziehen bedeutet, Verhalten zu lenken, und im Kapitel über Erziehungsstile (siehe Seite 33) haben Sie bereits erfahren, dass Verhalten immer in Wechselwirkung miteinander steht. Also ist der erste Schritt zu einer Veränderung, Ihr eigenes und das Verhalten Ihres Kindes zu beschreiben. Meistens wollen wir Verhalten verändern, welches uns stört, welches gerade unerwünscht ist. Ein solches Verhalten erleben wir bei Kleinkindern mehrmals täglich, insbesondere wenn sie Aufforderungen nachkommen sollen. Im Kapitel „Aufforderungskonflikte" ab Seite 64 werde ich solche Situationen schildern und Veränderungsmöglichkeiten beschreiben.

## Die vier W-Fragen

Wann? Wo? Wie oft? Warum? – Die vier W-Fragen helfen Ihnen, ein bestimmtes Verhalten Ihres Kindes genau zu beschreiben und zu analysieren.

Verhält sich ein Kind auf eine Weise, wie wir das nicht möchten, neigen wir dazu, das Verhalten pauschal und bewertend zu beschreiben. Zum Beispiel haut Anna ihren Bruder. Sie sagen jetzt vielleicht: „Anna ist aggressiv." Hauen ist für Sie also eine aggressive Verhaltensweise, was verständlich ist. Doch aggressives Verhalten kann verschiedene Formen zeigen und dahinter stehen oft unterschiedliche Motive, Bedürfnisse oder Enttäuschungen. Kein Kind ist von Geburt an aggressiv. Daher ist es hilfreich, etwas genauer hinzuschauen.

Durch eine genauere Beschreibung des Verhaltens können Sie dem Verhalten auf den Grund gehen und die jeweiligen Motive dafür erkennen. Dazu stellen Sie die vier W-Fragen.

1. *Wann:* Wann tritt das Verhalten auf? Zu welchem Zeitpunkt? Gibt es bestimmte Auslöser? Vielleicht wenn das Kind müde ist oder hungrig, wenn es vom Kindergarten heimkommt? Wenn der Bruder aufgewacht ist?

2. *Wo:* Wo tritt das Verhalten auf? Zuhause, im Kindergarten, auf dem Spielplatz, bei bestimmten Personen?

3. *Wie oft:* Wie oft tritt das Verhalten auf? Mehrmals täglich, einmal oder dreimal pro Woche, einmal im Monat?

4. *Warum:* Warum zeigt das Kind das Verhalten? Welche Gründe oder Motive für das unerwünschte Verhalten vermuten Sie? Welches Ziel könnte das Kind also haben? (Das Hauptziel bei unerwünschten Verhalten ist oft, Aufmerksamkeit zu bekommen.)

Wenn Sie einige Tage lang bestimmte Verhaltensweisen Ihres Kindes beobachten, zählen oder die Zeit messen, erleben Sie das Verhalten Ihres Kindes aus der Beobachterperspektive. Dadurch gewinnen Sie Distanz und sind nicht mehr so stark persönlich betroffen. So mancher Aha-Effekt stellt sich schon alleine durch die Beobachtung ein. „Mein Kind schreit gar nicht stundenlang, es haut nicht täglich, es gibt Tage, da hört es sofort."

Ein positiver Nebeneffekt der Beobachtung ist, dass Eltern plötzlich auch erwünschte Verhaltensweisen ihres Kindes besser sehen. Im Alltag ist oft der Blickwinkel eingeengt und das störende Verhalten steht im Mittelpunkt.

Darüber hinaus richten Sie bei der Beobachtung Ihren Blick auch auf Ihr eigenes Verhalten. Wenn Sie erst einmal genau hinschauen, reagieren Sie nicht mehr spontan, sondern überlegen sich, wie Sie mit einer Situation umgehen. Es kann sehr hilfreich sein, den Partner zu bitten, Ihr Verhalten aus seiner Sicht zu beschreiben. Diese Rückmeldung sollte aber nicht wertend sein, wie „Du bist zu nervös", sondern neutral beschreibend, wie „Ich sehe, dass deine Stimme schnell laut wird". Ihr eigenes Verhalten hat maßgeblichen Anteil an dem Verhalten Ihres Kindes.

## Das ABC-Schema

Mit dem ABC-Schema lässt sich eine Interaktion zwischen Eltern bzw. Erzieher und Kind wunderbar beschreiben. Dadurch können Sie nachvollziehen, wie sich eine Situation entwickelt – und im besten Fall erkennen Sie die Punkte, an denen Sie künftig einhaken können. Diesem Verhaltensprotokoll legen Sie die vier W-Fragen zugrunde, die Ihnen helfen, den Auslöser sowie die Art des Konflikts zu identifizieren.

- A: Auslöser
- B: Verhalten des Kindes
- C: Verhalten/Reaktion des Erziehers

### Typische Auslöser für Konflikte

Sowohl für das kindliche als auch für das elterliche Verhalten gibt es Auslöser. Fragen Sie sich, wann und wo es immer wieder zu Konflikten kommt, so können Sie die Auslöser entdecken. Passiert es in bestimmten Situationen (beim Abholen aus dem Kindergarten), zu einem bestimmten Zeitpunkt (abends, nach dem Aufstehen)? An welchem Ort gibt es immer wieder Konflikte, vielleicht auf dem Spielplatz, bei bestimmten Personen, immer nur zu Hause?

Oft ist der elterliche Zeitdruck ein Auslöser für das unerwünschte Verhalten des Kindes. Plötzlich und möglichst sofort soll es etwas machen, wo es doch gerade so schön ins Spiel vertieft ist. Kleinkinder schauen noch nicht auf die Uhr, für sie hat die Zeit noch keine Bedeutung. Auf Aufforderungen wie: „Mach schnell!", „Beeile dich!", „Mach sofort!", „Hör auf!", „Wie oft muss ich das noch sagen!" reagieren Kinder oft überhaupt nicht oder abwehrend.

Typische physische Auslöser sind Hunger und Müdigkeit. Viele Eltern unterschätzen, wie anstrengend ein Kita- oder Kindergartentag für die Kleinen ist. Die brauchen dann erst mal Zeit und Ruhe. Die vom Arbeitstag gestressten Eltern wollen aber noch schnell etwas besorgen, der Haushalt wartet und das Kind soll pünktlich ins Bett. Das Kleinkind kann jedoch noch nicht sagen, warum es traurig, ärgerlich oder enttäuscht ist. Es drückt seine Gefühle über sein „unerwünschtes" Verhalten aus, um Verständnis, Trost und Zuwendung zu bekommen, erntet aber meist das Gegenteil, weil Mama jetzt ungeduldig oder ärgerlich wird.

Da haben wir es auch schon mit Zielkonflikten zu tun, die mit Zeitdruck und physischer Befindlichkeit gemeinsam einen Auslöser bilden: Beispielsweise will sich das Kind alleine anziehen, die Mutter hat es aber eilig und möchte ihm dabei helfen.

So schaukeln sich tagtäglich Missverständnisse auf und lösen eine Verhaltenskette zwischen Kind und Erwachsenen aus. Das Kind verhält sich nicht so, wie wir es möchten, die Konsequenz ist negative Zuwendung.

### Verhaltensprotokoll

Mit den vier W-Fragen können Sie das Verhalten Ihres Kindes analysieren und die Situationen und Auslöser gut beschreiben. Legen Sie nun nach dem ABC-Schema ein Verhaltensprotokoll an, um herauszufinden, an welcher Stelle Sie etwas ändern können. Welches Verhalten Ihres Kindes hat Sie in den letzten Wochen oder Tagen am meisten beschäftigt? Nehmen Sie sich etwas Zeit, setzen Sie sich hin und lassen Sie sich eine typische Situation noch einmal genau durch den Kopf gehen, Sie sind nachträglich der Beobachter und schreiben auf, was passiert ist:

**Auslöser (A):**

Mutter holt die vierjährige Anna vom Kindergarten ab, der zweijährige Bruder Max sitzt vorne im Buggy und wartet.

Mutter sagt: „Anna, zieh dich schnell an, Max sitzt im Wagen vor der Tür."

**Verhalten des Kindes (B):**

Anna: „Zieh du mich an, ich mag nicht." Sie rennt in den Gruppenraum.

**Verhalten der Mutter (C):**

Mutter: „Anna, komm sofort her und lass dich anziehen."

B: Anna hüpft um den Tisch.

C: Mutter: „Wenn du nicht sofort kommst, gibt es nachher kein Eis."

B: Anna: „Du bist eine blöde Mama, will kein Eis."

C: Mutter, mit lauter Stimme: „Anna, jetzt reicht es mir, lass das Theater und zieh dich sofort an!" Sie schaut Anna böse an.

B: Anna kommt angerannt, wirft ihre Jacke vor die Füße der Mutter und schreit: „Zieh du mich an!"

C: Mutter packt Anna am Arm, steckt diesen energisch in den Ärmel der Jacke und sagt: „Unmöglich, wie du dich wieder aufführst."

B: Anna schreit: „Aua, du tust mir weh", lässt sich dabei den anderen Ärmel anziehen.

Beide gehen vor die Garderobe, Anna rennt zu Max und haut ihm auf den Kopf.

C: Mutter schreit: „Anna, sei nicht so gemein!"

Max brüllt, Anna rennt nach draußen, die Mutter tröstet Max. Sie ist wütend auf Anna.

Diese Szene kommt vielen Eltern bekannt vor. Im Alltag dauert sie nur wenige Minuten, wir überlegen nicht, spüren unseren Ärger oder unsere Hilflosigkeit und reagieren zum Schluss häufig mit einer Anklage: „Du bist wieder unmöglich!" oder mit einer Strafandrohung: „Wenn du nicht ..., dann ...!"

Anna und ihre Mutter schaukeln sich in ihrem Verhalten gegenseitig hoch. In der Lernpsychologie spricht man von „Verhaltensketten". Ein Verhalten löst das andere aus, mit all den dazugehörigen Gefühlen.

Wenn Sie genau hinschauen, werden Sie sehen, dass Anna überwiegend unerwünschtes Verhalten zeigt. Die Mutter will, dass sie sich schnell anzieht. Anna tut es nicht, sie läuft weg, möchte von der Mutter angezogen werden. Jedes Mal geht die Mutter auf sie ein, wiederholt ihre Aufforderungen, ermahnt, droht, wird ärgerlich. Letztlich erreicht sie ihr Ziel (anziehen) nur mit Druck und Festhalten. Danach beginnt die nächste Verhaltenskette, denn Anna schlägt ihren Bruder.

Jetzt betrachten Sie das Verhalten der Mutter und stellen fest, dass Anna viel Beachtung, wir nennen das jetzt Zuwendung, für ihr unerwünschtes Verhalten bekommt. Da die Mutter aber Aufforderungen wiederholt, mahnt, tadelt, bekommt diese Zuwendung eine negative Qualität und löst auch negative Gefühle auf beiden Seiten aus. Wir bezeichnen das als „negative Zuwendung". Das, was nicht sein soll, was nicht funktioniert, bekommt negative Zuwendung. Sobald das Kind sich dann erwünscht verhält, ist das ja selbstverständlich, also gibt es keine Zuwendung.

Vorsicht Erziehungsfalle! Beschränken Sie sich nicht auf die negative Zuwendung, damit verstärken Sie nur das unerwünschte Verhalten. Besser ist es so: Lernt ein Kind neue Verhaltensweisen oder verhält es sich erwünscht, dann loben Sie es dafür. Das ist eine Zuwendung, die positiv ist und die das Kind dazu ermuntert, dieses Verhalten zu üben und häufiger zu zeigen. Beide Seiten freuen sich, es entstehen positive Gefühle. Positive Zuwendung verstärkt das neu gelernte oder erwünschte Verhalten.

## DAS ABC-SCHEMA: VERHALTEN STEHT IMMER IN WECHSELWIRKUNG MITEINANDER

Das sind die wichtigsten Regeln des Lernens und Verhaltens:

Verhalten beeinflusst sich gegenseitig, wir nennen das Verhaltensketten.

Es gibt immer einen Auslöser für ein Verhalten: A

Kind und Erwachsener haben oft unterschiedliche Ziele: Zielkonflikt

Das Verhalten des Kindes (B) wird in der Situation immer auf das Ziel des Erwachsenen bezogen und demensprechend als erwünscht oder unerwünscht beschrieben.

Das Verhalten des Erwachsenen (C) ist eine Konsequenz auf das Verhalten des Kindes – entweder Zuwendung (positiv oder negativ) oder keine Zuwendung.

## Positive statt negative Zuwendung

Im Erziehungsalltag neigen Erwachsene zu verschiedenen Formen der negativen Zuwendung. Wenn die Kinder älter werden, reden sie viel zu viel auf das Kind ein: Erst wird gut zugeredet, es folgen wiederholte Aufforderungen, dann wird ermahnt, getadelt, es gipfelt in Wenn-dann-Drohungen und allgemeinen Vorwürfen: „Immer, nie, nur du …" All dies ist negative Zuwendung in Reaktion auf unerwünschtes Verhalten. Eltern wundern sich, warum es nicht nützt: „Wie oft habe ich es ihm schon gesagt …, Ich rede mir den Mund fusselig, aber …" Hier wird viel Energie verwendet, nur in die falsche Richtung. Denn negative Zuwendung verstärkt unerwünschtes Verhalten!

### ZUWENDUNG VERSTÄRKT DAS VERHALTEN

- Jede Art von Zuwendung verstärkt Verhalten.
- Positive Zuwendung verstärkt erwünschtes Verhalten und hilft dem Kind darüber hinaus, neues Verhalten zu lernen.
- Negative Zuwendung verstärkt unerwünschtes Verhalten.
- Keinerlei Zuwendung lässt Verhalten weniger werden.

Jetzt werden Sie sagen: „Das Kind muss doch wissen, was mich stört und was mich freut, sonst würde es sich ja nicht mal so mal so verhalten. Und wenn es sich dann mal positiv verhält, dann hat es vorher schon so viel Ärger gegeben, da mag ich nicht mehr loben." Stimmt, in der Konfliktsituation ist die Verhaltenskette schwierig zu unterbrechen. Doch Sie können das für den Alltag nutzen: Schauen Sie, wie Sie Ihrem Kind im Alltag wieder mehr positive Zuwendung geben können, unabhängig von seinem Verhalten. Ein Lächeln, ein freundliches Nicken, über den Kopf streichen, in den Arm nehmen. Sie kennen nun ein paar Auslöser für unerwünschtes Verhalten. Überlegen Sie schon vorher, wie Sie Ihre Aufforderung positiv formulieren können, oder besprechen Sie mit dem Kind, was Sie sich von ihm wünschen, erwarten und um welches Ziel es Ihnen geht. Motivieren Sie es dann positiv.

In der Situation, wenn das Kind bereits unerwünschtes Verhalten zeigt, sollten Sie nicht darauf eingehen. Vermeiden Sie also negative Zuwendung, denn damit würden Sie das störende Verhalten ja verstärken. Auf ein Schimpfwort reagieren Sie nicht, denn wenn das Wort keine Wirkung hervorruft, wird es uninteressant. Das fällt erst mal schwer, da die meisten Erwachsenen verärgert sind, das Schimpfwort oder gar das unerwünschte Verhalten persönlich nehmen. Aber sehen Sie es einmal so: Kinder versuchen, uns zu provozieren und bekommen dafür Zuwendung, wenn auch negative. Doch Zuwendung, egal welcher Art, bedeutet Aufmerksamkeit!

Soll sich das Verhalten Ihres Kindes verändern, ist es viel wirkungsvoller, Ansätze zum erwünschten Verhalten zu verstärken und – je jünger das Kind ist – positive Hilfestellung zu geben. Darauf wird in dem Kapitel „Typische Alltagskonflikte" auf Seite 64 noch genauer eingegangen.

Wie schnell wird ein Elternteil frustriert, wenn unerwünschtes Verhalten gehäuft auftritt. Er schickt das Kind dann weg, in sein Zimmer: „Geh weg, ich kann dich nicht mehr ertragen", oder er redet nicht mit dem Kind, ignoriert es. Diese beliebten Methoden, genannt „time out" oder „stiller Stuhl" oder „Liebesentzug" wirken erst mal sehr gut, denn das unerwünschte Verhalten wird unterbrochen – aber es wird kein neues Verhalten gelernt!

> Unerwünschtes Verhalten nicht zu beachten bedeutet nicht, das Kind zu ignorieren.

Diese Methoden bezeichnet man als negative Konsequenz und sie stellen eine Form der Strafe dar, es findet ein Kontaktabbruch statt. Der wiederum kann, je nach Alter und Temperament des Kindes, zu Angst oder Wutausbrüchen führen. Das Kind fühlt sich in seiner Person abgelehnt und wird dadurch verunsichert. Nichts ist für ein Kind schlimmer, als wenn es um die Liebe der Eltern bangen muss. Vermeiden Sie zu sagen „Mami hat dich nicht mehr lieb, wenn du dich so aufführst" oder „Wenn du so bist, mag dich keiner". Kinder nehmen bis zum sechsten Lebensjahr solche Aussagen wortwörtlich, sie werden durch sie verunsichert und seelisch zutiefst verletzt. Dann besser ärgerlich ausrufen: „Ich werde so wütend, wenn du mich trittst." Den Ärger kann es sehen und hören und es versteht, dass das Treten die Mama wütend macht.

Keinerlei Zuwendung darf nur eine kurzfristige Reaktion zum Beispiel auf ein Schimpfwort oder schlechtes Benehmen sein. Dann findet keine Verstärkung des unerwünschten Verhaltens statt. Vermeiden Sie Augenkontakt, verziehen Sie nicht die Miene, wenn das Kind Sie mit Schimpfworten belegt, antworten Sie einfach nicht mehr, wenn das Kind ständig bettelt. Bleiben Sie aber da und im Kontakt mit Ihrem Kind. Kochen oder essen Sie einfach weiter oder tun Sie das, womit Sie gerade beschäftigt sind. Geben Sie dem Kind Hilfestellung und jeden Ansatz zu erwünschtem Verhalten verstärken Sie sofort. So wird das Kind motiviert, es möchte ja

> Keinerlei Zuwendung darf nur eine kurzfristige Reaktion zum Beispiel auf ein Schimpfwort sein.

Aufmerksamkeit, aber auch Verständnis dafür, wenn es nicht gleich zu etwas Lust hat. Die Beziehung zwischen Kind und Elternteil oder Erzieherin wird nicht mit negativen Emotionen belastet, wie mit Schimpfen oder völligem Ignorieren.

Grundsätzlich sollten sich Ihre Reaktionen wie Zuwendung oder keine Zuwendung immer auf ein beschreibbares und beobachtbares Verhalten Ihres Kindes beziehen, und nicht auf seine Persönlichkeit. Zeigen Sie Ihrem Kind Gefühle wie Liebe, Freude, Ärger oder Traurigkeit in Ihrer Mimik, Körperhaltung und in Worten. Das Kind lernt so, Ihr Verhalten besser zu verstehen, und Sie sind damit ein positives Modell. Auch Gefühle, die oft Auslöser für unerwünschtes Verhalten sind – Ärger, Frust oder Hilflosigkeit – sollten Sie aussprechen und dem Kind deutlich machen.

## Grenzen setzen, aber wie?

Das Zusammenleben in der Familie erfordert von dem heranwachsenden Kind, seine Impulsivität und seine Bedürfnisse sozial angemessen auszuleben. Für die Eltern ist das eine tägliche Herausforderung, denn sie versuchen, dem Forscherdrang ihres Kleinkindes Grenzen zu setzen, erst über Handeln, dann vermehrt mit Worten. Zusätzlich gibt es in allen Familien Grundregeln für das Zusammenleben, wie Essenszeiten, Schlafzeiten, Aufräumen, Benehmen und Termine einhalten. Erziehen bedeutet also auch, das Verhalten der Kinder zu steuern und ihnen zu vermitteln, dass sie Gebote und Verbote einhalten müssen.

Die meisten Eltern sind bemüht, ihr Kind als eigenständige Persönlichkeit mit seinen Emotionen und seinem Willen zu respektieren. Fehlen aber die Grenzen, werden Kinder schnell herausfinden, wie sie ihre Eltern und andere Erwachsene steuern können. Doch Eltern sollten lenken und leiten und nicht umgekehrt. Kinder müssen lernen, Grenzen zu respektieren. Natürlich dürfen sie „anecken", sie sollten aber erleben, dass Grenzen wichtig sind und die Eltern diese konsequent einfordern, aber auch selbst einhalten. Nur so ist eine Orientierung möglich. Indem ihnen nicht alle Wünsche grenzenlos erfüllt werden, lernen Kinder zudem, Frustration auszuhalten.

Im Vorschulalter benötigen Kinder noch viel Verständnis und Geduld, da sie ihre Emotionen und Bedürfnisse wie Hunger, Müdigkeit oder Langeweile noch nicht alleine regulieren können. Häufig muss ein Mittelweg gefunden werden zwischen Konsequenz und Nachgeben und Kompromisse schließen – und das ist für Eltern sehr anstrengend.

### Gebote aufstellen

Stellen Sie für Ihr Kind Gebote auf, die es einhalten muss. Für das Kind im Vorschulalter sollten es nicht mehr als fünf bis sechs sein und sie müssen nachvollziehbar sein. Beispiele für solche Gebote sind:

- Es wird niemand geschlagen, ob Erwachsener oder Baby
- Bitte und Danke sagen

- Am Straßenrand die Hand geben und gemeinsam die Straße überqueren
- „Halt" oder „Stopp" heißt stehenbleiben bzw. loslassen
- Nicht mit Fremden mitgehen
- Nach dem Toilettengang die Hände waschen

Hält es diese Gebote ein, wird es jedes Mal von Ihnen dafür gelobt, es wird also in seinem Verhalten bestärkt. Es wird aber auch Grenzen austesten wollen. Dann heißt es handeln und dem Kind immer wieder erklären, warum diese Gebote und Grenzen so wichtig sind – für Sie oder das Kind. Schließlich werden die Gebote in Fleisch und Blut übergehen und die Eltern müssen nur hin und wieder daran erinnern.

Die Konsequenzen, die es hat, wenn ein Gebot nicht eingehalten wird, muss das Kind erfahren dürfen. „Stopp, Finger weg von der heißen Herdplatte!" Wenn das Kind es aber trotzdem ausprobiert, wird es den Schmerz spüren und die Warnung „Stopp – heiß!" zukünftig akzeptieren. Ab etwa drei Jahren ist das Kind motorisch und kognitiv weit genug für bestimmte Freiheiten: „Du darfst bis zur Ampel alleine gehen und auf den Schalter drücken, dann warte, bis ich bei Grün mit dir zusammen über die Straße gehe."

Erziehen Eltern mit zu vielen Verboten, die nicht erklärt werden, oder reagieren sie sehr inkonsequent, indem das Kind an einem Tag Narrenfreiheit hat, am anderen ständig geschimpft wird, dann wird es die Grenzen nicht ernst nehmen und zunehmend frustriert reagieren. Wütendes Geschrei und Tränen sind die Folge oder es verweigert sich ganz.

## Strafen sind negative Zuwendungen

Zu viele Verbote und Einschränkungen fördern unerwünschtes Verhalten! Wird das Kind dann bestraft, ist das Verhalten gestoppt, das Kind bleibt aber uneinsichtig. „Mein Kind folgt nicht und tanzt mir auf der Nase herum. Strafe muss sein und ein paar Klapse schaden nicht", hört man auch heute noch in Elterngesprächen.

Schimpfen, Schreien, Klapse und das Kind ohne Essen ins Bett schicken sind negative Zuwendungen, die das „ungehorsame" Verhalten eher noch verstärken. Zu viele Strafen haben auch negative Nebenwirkungen. Beim Kind kann sich eine Angst vor der strafenden Person entwickeln. Es wird zunehmend Schwierigkeiten beim Essen und Schlafengehen machen, da diese Situationen mit Angst und Ärger gekoppelt sind. Essen und Zu-Bett-Gehen mit liebevollen Gute-Nacht-Ritualen sollten immer positiv verknüpft sein. Ein Kind zu bestrafen bedeutet, dem Kind über ein negatives Modell zu zeigen, wer der Mächtigere ist. Das Kind wird zwar aus Furcht vor Strafe dem mächtigen Elternteil gehorchen, anderen Personen aber nicht. Es wird vor allem den Druck und seinen Frust an schwächere Personen weitergeben, auch an Tiere, oder es zerstört Gegenstände, die dem anderen wichtig sind.

### DURCH STRAFE LERNT DAS KIND NICHTS GUTES

Strafe sollte vermieden werden, denn sie stellt den Schluss einer negativ aufgeschaukelten Verhaltenskette dar, erfolgt oft durch die Hilflosigkeit oder Wut eines Erwachsenen.

Das Kind befindet sich in einem emotionalen Erregungszustand und kann somit kein neues erwünschtes Verhalten lernen. Im Gegenteil: Das unerwünschte Verhalten wird gefestigt und neue unerwünschte Zusammenhänge werden gefördert, sodass ein Teufelskreis entsteht.

Erwünschtes Verhalten kann nur dann gelernt werden, wenn das Kind angstfrei und motiviert mit viel positiver Zuwendung verstärkt wird und sein unerwünschtes Verhalten wieder verlernt. Dabei hilft das ABC der Erziehung.

## Kompromisse finden

Je älter Ihr Kind wird, desto mehr können Sie auf seine Einsicht bauen. Es kann immer besser logische Zusammenhänge erkennen: „Wenn ich im Winter barfuß auf die Straße laufe, weil ich die Stiefel nicht anziehen wollte, bekomme ich kalte oder nasse Füße." Es lernt über logische Konsequenzen und kann sich immer besser einschätzen. Es kann sich sprachlich besser ausdrücken und Mama und Papa erklären, warum es jetzt die blaue Hose nicht anziehen will. Mit vierjährigen Kindern kann man schon Lösungsgespräche führen und Kompromisse finden. Mal schlägt das Kind einen Kompromiss vor, mal die Eltern.

Sie haben jetzt ein einsichtiges Kindergartenkind, das seine Emotionen und Wünsche zunehmend besser mit Worten ausdrücken kann: „Vorsicht Mama, ich bin heute ganz wütend weil ...", „Mama, wenn du ständig auf mich einquatschst, dann habe ich keine Lust mehr zu essen." Kinder können somit die Wechselwirkung des Verhaltens beschreiben und sollten damit ernst genommen werden. Als Eltern sollten auch wir einsichtig sein, reflektieren können und mehr „erwünschte Verhaltensweisen" (weniger reden und mehr handeln, Geduld haben und abwarten) zeigen und uns und unserem Kind „unerwünschte Verhaltensweisen" (nörgeln, tadeln, vergleichen, drängeln, drohen, schreien, klein machen) möglichst abgewöhnen. Das hat auch auf der Elternebene positive Auswirkungen zwischen den Partnern.

## So fördern Sie erwünschtes Verhalten

- Verstärken Sie erwünschtes Verhalten sofort positiv.
- Beschreiben Sie Ihrem Kind, welche Verhaltensweisen erwünscht sind.

- Erwähnen Sie unerwünschtes Verhalten nur einmal: „Ich möchte nicht, dass du …“, „Hör bitte auf …“, „Wir haben ausgemacht …“ – Nicht mehr auf das unerwünschte Verhalten eingehen (sonst Verstärkung!). Einmal „nein“ reicht! Einmal rufen genügt! Dann zum Kind gehen und es mit Blickkontakt und Hilfestellung „abholen“.

- Keine Zuwendung auf kindliches „Nein, ich will nicht …“ oder Schimpfwörter.

- Versuchen Sie im Alltag Ihrem Kind und Partner wieder mehr positive Zuwendung zu geben, einfach so, ohne besonderen Anlass. Sie werden ebenso positive Zuwendung und positives Verhalten zurückbekommen.

- Wenn es zu einem Zielkonflikt kommt, bleiben Sie sachlich im Ton, sprechen Sie die vermuteten Gefühle und Ziele Ihres Kindes an, es ist dann viel eher gewillt mitzumachen.

- Wenn sich das Kind unerwünscht verhält, schauen Sie genau hin und unterscheiden Sie, ob es provozieren möchte oder einfach nur müde, hungrig oder hilflos ist.

- Handeln statt reden: Halten Sie die schlagende Hand fest, trennen Sie Streithähne.

- Wenn Sie sich über das Verhalten des Kindes ärgern und schimpfen, dann bitte die Tat beschreiben, nicht das ganze Kind abkanzeln oder beschämen („Du schon wieder, das ist ja typisch für dich!“). Seien Sie nicht nachtragend und strafen Sie nicht mit Liebesentzug. Sprechen Sie möglichst in Ich-Botschaften.

- Sagen Sie es Ihrem Kind, warum Sie sich ärgern oder heute nicht gut drauf sind. Kinder sind schon ab drei Jahre mitfühlend und verständnisvoll. Das Kind wird dann Sie in den Arm nehmen und versuchen zu trösten.
- Wenn Ihr Kind „bockt", gehen Sie auf Augenhöhe und versuchen Sie zu erraten, was es gerade bedrückt. Über Schimpfen oder Ausfragen wird es sich noch mehr verweigern.
- Geben Sie klare Gebote und Anweisungen, möglichst positiv formuliert, und bleiben Sie konsequent in der Durchsetzung, dann sind Sie für Ihr Kind glaubwürdig. Kompromisse dürfen ausgehandelt werden, denn Konsequenz ist nicht Sturheit. Zu enge Grenzen machen unfrei, weite Grenzen helfen dem Kind sich auszuprobieren und sich einzuschätzen.

Alltägliche Erziehungskonflikte sind nicht vermeidbar, da die Wünsche und Bedürfnisse der Kinder und Eltern oft konträr sind. Vorausschauendes Handeln und rechtzeitige Ankündigungen von elterlichen Zielen helfen Konflikte abzubauen oder gar zu vermeiden. Es gibt Bedürfniskonflikte, aber auch Regelkonflikte, die man gemeinsam lösen kann. Es gibt aber auch Konflikte, die immer wieder durch das Zusammenleben ausgelöst werden, vor allem

Geschwisterstreit. Streit und Lösungsmöglichkeiten für Konflikte zu finden gehört zum Familienleben. Wir lernen dazu, das ist die Schule des Lebens – vor allem, wenn Kinder faire Konfliktlösungen erleben und danach in der Familie wieder alles gut ist. (Siehe dazu auch das Kapitel „So sieht faire Konfliktlösung aus" ab Seite 150.)

### ERZIEHEN IST LERNBAR

Erziehen ist nicht immer leicht, aber jeder kann es lernen. Es ist ein täglicher und lebenslanger Lernprozess, denn das Verhalten unserer Kinder ist auch ein Spiegel unseres Verhaltens.

# TYPISCHE ALLTAGSKONFLIKTE

## Aufforderungskonflikte

Aufstehen, sich anziehen, essen, aus dem Haus gehen, aufräumen, Zähne putzen, zu Bett gehen, einschlafen – Ihr Kind mault herum, sträubt sich, weigert sich, bewegt sich nur widerwillig. Gerade die alltäglichen Abläufe und Anforderungen an das Kind, die für ein geregeltes Familienleben unerlässlich sind, können Eltern in die Verzweiflung treiben, vor allem, wenn es dabei regelmäßig Konflikte gibt.

Wer hört schon gerne am Morgen als erstes das Gebrüll seines Kindes, das gerade liebevoll geweckt wird: „Ich will nicht aufstehen, will weiterschlafen!" Dann folgt der nächste Stress mit Zähneputzen und Anziehen. Die Uhr läuft, Eltern und Kind müssen pünktlich aus dem Haus. Aber jetzt wird erst recht getrödelt. Der Kakao ist zu heiß, die Lieblingsmarmelade nicht dick genug auf das Brötchen geschmiert und die Katze muss noch ganz doll geschmust werden. Der Mutter stehen die Schweißperlen auf der Stirn und das Stimmungsbarometer nähert sich dem Nullpunkt. Wenn dann der Vater bemerkt „Der Kleine führt sich nur bei dir so auf", hängt auch noch der Haussegen schief. Der ganz normale, tagtägliche Erziehungsfrust. Woran liegt das?

Kinder im Vorschulalter leben ohne Zeitgefühl. Sie wollen ihre Grundbedürfnisse – schlafen, essen, spielen, erforschen – möglichst sofort erfüllen. Warten fällt ihnen schwer. Auch möchten sie beachtet werden und im Mittelpunkt stehen. Einzelkinder bekommen in der Regel viel Aufmerksamkeit von beiden Eltern, doch wenn diese sich morgens selbst für das Büro zurechtmachen, müssen sie darauf verzichten und sich zum Beispiel alleine anziehen. Geschwisterkinder müssen sich prinzipiell die Aufmerksamkeit mit Bruder oder Schwester teilen. Mama putzt dem Jüngeren die Zähne und das Ältere soll sich schon mal anziehen.

> Kinder im Vorschulalter wollen ihre Grundbedürfnisse – schlafen, essen, spielen, erforschen – immer möglichst sofort erfüllen.

Ob Einzel- oder Geschwisterkind: Kommt Mama dann ins Zimmer, findet sie ein halbnacktes Kind vor, das ganz vertieft in einem Bilderbuch blättert oder mit Legosteinen seinen Turm weiterbaut. Das Kind wundert sich dann, warum Mama zu schimpfen anfängt – es hat doch gar nichts Böses getan. Es findet, dass es zu Unrecht ausgeschimpft wird, und je nach Alter wird es trotzen oder maulen. Und schon befinden sich alle im Teufelskreis der unerwünschten Verhaltensweisen und negativen Zuwendungen.

Es handelt sich um tagtägliche Zielkonflikte und überwiegend um Bedürfniskonflikte, aber auch um Befindlichkeitskonflikte, wenn das Kind müde, hungrig, gereizt, überfordert oder gelangweilt ist. Der eine will spielen, der andere möchte pünktlich aus dem Haus kommen. Mama möchte, dass sich das ältere Kind alleine anzieht, dieses möchte aber genauso bedient werden wie der jüngere Bruder, dem die Zähne geputzt werden.

Im Folgenden beschreibe und analysiere ich ein paar beispielhafte Konfliktsituationen im Tagesablauf. Die Erklärungen werden Ihnen dabei helfen, die Auslöser und Zusammenhänge dieser Aufforderungskonflikte besser zu verstehen und andere Lösungsmöglichkeiten zu finden, als mit dem Kind zu schimpfen.

## Mein Kind will nicht aufstehen

Die folgende Situation wird nach dem ABC-Schema (siehe Seite 45) beschrieben und ausgewertet, danach werden Lösungsmöglichkeiten vorgestellt. Anhand dieses Beispiels können Sie Ihre individuellen Erziehungssituationen selbst beobachten, protokollieren, auswerten und dann auch selbst nach Lösungsmöglichkeiten suchen.

Situation: Es ist 7.30 Uhr. Die Mutter kommt in das Kinderzimmer und zieht den Rollladen hoch.

Mutter: „Maxi, aufstehen, komm, es ist schon spät!" (A, Anfang). Die Mutter steht vor Max' Hochbett und zieht die Decke weg.

Max, fünf Jahre alt: „Mag nicht, bin noch müde." (B, Verhalten des Kindes) Er zieht die Decke energisch wieder zu sich.

Mutter: „Max, jetzt komm, wir müssen doch pünktlich im Kindergarten sein!" (C, Verhalten der Mutter/Konsequenz) Sie zieht die Decke noch mal weg.

Und weiter:

Max schreit: „Gib sofort die Decke her, lass mich in Ruh!"

Mutter: „Wenn du nicht sofort aufstehst, kaufe ich dir nachher keine Brezel für den Kindergarten!"

Max: „Ich will gar keine Brezel, du bist gemein."

Mutter: „Max, jetzt reicht es mir!" Sie zieht Max am Arm aus dem Bett.

Max schreit laut: „Au, au, du tust mir weh!"

Papa schaut ins Kinderzimmer und sagt: „Was ist denn hier für ein Theater, hör endlich auf die Mama."

**Erklärung**

Hier wird der Zielkonflikt schnell deutlich: Mama will, dass Max aufsteht, Max will aber liegen bleiben.

Nun bewerten wir das Verhalten des Kindes und das Verhalten der Mutter nach dem ABC-Schema – immer auf das Ziel der Mutter bezogen.

A: Durch die erste Aufforderung der Mutter wird bereits Zeitdruck aufgebaut. Das ist ein ungünstiger Anfang und der beste Weg, um ein unerwünschtes Verhalten auszulösen.

B: Max reagiert mit unerwünschten Verhalten, sowohl mit Worten („Nein, ich will nicht!") als auch mit Handeln (Decke wieder zu sich ziehen).

C: Die Mutter reagiert jedes Mal mit Zuwendung, erst noch freundlich, dann zunehmend energischer und lauter, also mit negativer Zuwendung. Die Verhaltenskette mit unerwünschtem Verhalten und darauffolgend negativer Zuwendung ist in Gang gesetzt.

Zuwendung bestärkt Verhalten – in diesem Fall das unerwünschte. Also steht Max nicht freiwillig auf, die Mutter kommt nicht zu ihrem Ziel und wird ärgerlich. Erst als sie Max rauszerrt, unterbricht sie diese Verhaltensabfolge. Jetzt hat die Mutter zwar ihr Ziel erreicht, aber mit Druck und Schimpfen, und das ist unbefriedigend und anstrengend. Sobald diese Verhaltenskette angefangen hat, kann sie Max nicht positiv verstärken, da er nicht folgen wollte und keine Ansätze zu erwünschtem Verhalten gezeigt hat.

Als Max endlich neben dem Bett steht, kommt Papa und gibt mit seiner Bemerkung wieder negative Zuwendung. Diese Einmischung kann ein weiterer Auslöser für unerwünschtes Verhalten sein, denn jetzt fühlt sich Max von beiden Eltern bedrängt. – Vorsicht! Erziehungsfalle! Wenn zwei sich streiten, dürfen Sie nicht noch Feuer draufgeben, sondern halten Sie sich raus oder geben Sie Hilfestellung.

**Lösungsansätze**

Wir beginnen am Anfang und schauen uns als ersten Schritt die Ausgangssituation – also den Auslöser – genau an. Diese versuchen wir dann zu verändern. Um den Auslöser zu finden, bedienen wir uns der vier W-Fragen: Wann? Wo? Wie oft? Warum?

Max kommt am Morgen immer schlecht aus den Federn, vor allem wenn Kindergarten ist. Das weiß die Mutter und ist deshalb schon vorher angespannt. Sie weiß es, weil er am Wochenende ganz fröhlich aus dem Bett hüpft. – Damit ist gleichzeitig eine wichtige Bedingung erfüllt, nämlich zu schauen, ob das Kind zu dem erwünschten Verhalten überhaupt fähig ist. Max kann alleine aufstehen.

Nun schauen wir uns die Ziele an. Max soll alleine aufstehen, das ist klar, er kann es, die Mutter muss ihr Ziel also nicht verändern.

Wenn er dieses erwünschte Verhalten nicht zeigt, welches Bedürfnis, welche Absicht können dahinter stehen? Bei Max ist es sicher die Müdigkeit. Er ist eine Eule und kommt immer viel zu spät ins Bett. Er ist zu dieser Uhrzeit schlichtweg müde. Würde er erst seit ein paar Tagen nicht aufstehen wollen, könnte auch ein Vorfall im Kindergarten dahinter stecken und er hat keine Lust dorthin zu gehen.

Vielleicht will er auch, dass Mama noch mit ihm schmust, da diese die letzten Tage so viel beruflich weg war und ihn nicht zu Bett bringen konnte. Die Aufmerksamkeit und damit Zuwendung holt er sich jetzt am Morgen.

Nur ist das nicht das Ziel der Mama. Max kommt aber zu seinem Ziel, wenn auch über negative Zuwendung.

Für das unerwünschte Verhalten kann es also ganz unterschiedliche Motive geben, je nach Alter, Situation, Geschlecht und Fähigkeiten des Kindes.

Wenn es bei Max die Müdigkeit ist, dann ist eine Aufforderung, die das Kind unter Druck setzt („Komm, es ist schon spät!") ein ungünstiger Auslöser oder Anfang. Ein günstiger Anfang wäre: Die Mutter kommt ins Zimmer, geht zu Max, gibt ihm ein Busserl auf die Stirn und sagt: „Guten Morgen du Schlafbär, raus aus der Höhle, auch wenn es dem Bären schwer fällt. Ich lass jetzt Licht rein und mach den Kakao. Im Bad ist die Zahnbürste schon bereit." Sie zieht den Rollladen hoch, gibt Max noch einen Klaps auf die Beine und sagt aufmunternd: „So, raus jetzt!". Danach geht sie zurück in die Küche.

Ein positiver, freundlicher Anfang! Max bekommt keinen Zeitdruck, wird nicht gleich vom hellen Licht überfallen, der geliebte Kakao wird als Motivation erwähnt. Kinder lieben es, sich in Figuren zu verwandeln, in Tiere oder Ritter und Prinzessinnen. Mit Phantasie kann man Kindern gut Hilfestellung geben. So mag zwar Max nicht aus dem Bett, aber der Bär liebt süßen Kakao! Der Bär darf brummen. Sagt aber Max: „Mag nicht aufstehen", beachtet die Mutter das nicht, es gibt keine Zuwendung. Sie geht nach dem aufmunternden Klaps auf die Beine aus dem Zimmer. Damit fällt das Gerangel mit der Bettdecke weg und auch die verbale Auseinandersetzung. Wenn die Mama nicht im Zimmer bleibt, gibt es kein Publikum für einen Machtkampf. Sollte Max aus dem Zimmer rufen „Ich mag nicht aufstehen!", denn er will ja Aufmerksamkeit, darf die Mutter auf keinen Fall Zuwendung geben, das wäre ja eine Verstärkung des unerwünschtes Verhaltens. Dass Max wieder einschläft, ist unwahrscheinlich, da Licht im Zimmer ist und er bereits seinen Kakao riecht.

Steht er auf und geht ins Bad, kommt die Mutter und gibt positive Zuwendung. „Hallo, schön, da ist der Bär schon aus der Höhle, das freut mich!" Bleibt er liegen, kommt die Mutter und gibt jetzt Hilfestellung. „Oh je, der Bär schafft es nicht alleine, da helfe ich ihm, die Höhle zu verlassen" und schlägt die Decke zurück. „Komm, die Zahnbürste wartet schon." Das wäre eine positive Hilfestellung, die der müde Max jetzt braucht.

Wenn Sie anhand der W-Fragen nicht Müdigkeit als Grund identifizieren, sollten Sie Ihr Kind am Abend vorher befragen, ob es irgendetwas Belastendes gibt, im Kindergarten oder in der Familie. Oder fragen Sie einfach, was Ihr Kind sich für ein Aufstehritual wünscht. Ab vier Jahre können Kinder klar ihre Wünsche äußern, sie werden nur selten gefragt, weil sie ja funktionieren sollen.

Diese Lösungsansätze mögen Ihnen jetzt märchenhaft einfach vorkommen. Sie müssen nur am Anfang etwas verändern, und schon zeigt das Kind erwünschtes Verhalten, obwohl es jeden Morgen Theater gab? Probieren Sie es aus, Sie werden sich wundern, wie gut das funktioniert. Meist geht es nicht von einem Tag auf den anderen und es klappt auch nicht immer. Manchmal wollen Kinder ihr altes Verhalten einfach noch beibehalten. Aber Sie sind jetzt gerüstet und jedes Mal, wenn Ihr Kind sich unerwünscht verhält oder Sie provozieren möchte mit „Ich will nicht, ich kann nicht" taucht vor Ihrem inneren Auge ein rotes Stoppschild auf: Stopp! Keine Zuwendung mehr für unerwünschtes Verhalten!

> Setzen Sie sich mit dem Anfang eines Konflikts auseinander und verändern Sie Ihr Verhalten. Es lohnt sich!

Sie werden sofort keine Zuwendung mehr geben, somit hat das unerwünschte Verhalten keine Wirkung mehr. Das ist so, wie wenn ein Segelboot plötzlich keinen Wind mehr bekommt, dann verliert es an Fahrt und das Segeln macht keinen Spaß mehr.

Es lohnt sich für Sie, Energie in die Überlegungen zum Anfang zu stecken und Ihr Verhalten zu verändern. Sowohl Sie als auch Ihr Kind verbrauchen dann weniger Energie, vor allem negative, und können sich auf erwünschtes Verhalten konzentrieren. Im alltäglichen Erziehungsstress sind wir oft betriebsblind und tapsen täglich in Erziehungsfallen. Bis wir es merken, ist es zu spät, die negative Verhaltenskette läuft ungebremst ab und wir wundern uns, warum Erziehen so schwer ist!

Über dreißig Jahre habe ich Eltern und Erziehern das Erziehungs-ABC in Seminaren vermittelt, mit Videoanalyse und Rollenspielen. In der Rolle des Kindes konnten die Teilnehmer sofort die Veränderung spüren, wenn die Erwachsenen das unerwünschte Verhalten nicht mehr verstärkten und vor allem wenn der Anfang verändert wurde. In der Rolle des Erziehers kam immer wieder die verblüffte Erkenntnis, mit wie wenig Aufwand und positiver Energie das Kind das unerwünschte Verhalten verlernte und erwünschtes Verhalten zeigte.

**Tipps**

- Machen Sie sich bewusst: Sie sind mit Ihrer Aufforderung der Auslöser für das unerwünschte Handeln des Kindes, woraufhin die negative Verhaltenskette entsteht. Nicht das Kind ist der Auslöser.
- Geben Sie das Ziel vor und handeln Sie dabei überlegt.
- Befinden Sie sich schon mitten in der Auseinandersetzung, heißt es „Stopp!". Unterbrechen Sie die Verhaltenskette, indem Sie Ihrem Kind noch einmal sagen, was Sie von ihm möchten.

- Danach beachten Sie nur noch erwünschtes Verhalten und verstärken es, unerwünschtes Verhalten ignorieren Sie.
- Achten Sie auf die Formulierungen. Hierbei hat sich die „VW-Regel" bewährt: Statt Vorwurf ein Wunsch. Zum Beispiel „Ich wünsche mir, dass du jetzt alleine aufstehst, auch wenn du noch müde bist."
- Oder Sie folgen der „B-B-Regel": statt Befehl eine Bitte. Anstelle von „Steh endlich auf, sonst ..." sagen Sie besser „Bitte schlage die Decke zurück, ich helfe dir wach zu werden."

## Mein Kind will sich nicht alleine anziehen

Eltern freuen sich über die zunehmende Selbstständigkeit ihres Kindes, wenn es immer mehr alleine machen kann. Aber immer dann, wenn es sich morgens anziehen soll, gibt es Theater. Woran liegt das?

Die vierjährige Lisa soll sich alleine anziehen. Es ist Samstagvormittag und die Eltern wollen mit ihr zum Einkaufen fahren. Die Mutter hat ihr die Kleidung ausgesucht und hingelegt. Lisa denkt nicht daran anzufangen. Sie spielt im Schlafanzug mit ihren Stofftieren „Frühstück machen". Die Mutter kommt dreimal ins Zimmer und sagt: „Lisa, zieh dich endlich an, wir wollen doch nach dem Frühstück einkaufen gehen", dann geht sie wieder in die Küche. Das weitere Szenario können Sie sich je nach Ihrem Temperament und dem Ihres Kindes ausmalen: mehrmalige Aufforderungen, die Mutter wird immer gereizter, Lisa spielt weiter, sagt „Ja, gleich" oder „Ich mag nicht". „Wenn du dich nicht anziehst, bekommst du keine neue Hose" zieht bei ihr nicht, sie wird nur ärgerlich, weil sie unter Druck gesetzt wird.

Es beginnt eine Verhaltenskette mit unerwünschtem Verhalten von Lisa und zunehmend negativen Zuwendungen von der Mutter. Wie endet es? Vielleicht zieht Lisa sich endlich an, nach vielen Aufforderungen, Drohungen etc. Das Ziel (alleine anziehen) wurde erreicht, aber mit viel negativer Energie. Oder die Mutter zieht Lisa schimpfend an. Das Ziel wurde nicht erreicht. Eine Androhung wie „Wenn du dich nicht sofort anziehst, dann fahren wir alleine" kann bei einem ängstlichen Kind wirken. Dann wurde das Ziel erreicht, aber mit Sieg oder Niederlage. Ein selbstbewusstes Kind weiß aber genau, Mama und Papa lassen mich nicht alleine. Die Eltern müssen es ja mitnehmen oder zu Hause bleiben – dann hätte das Kind gesiegt und die Eltern hätten sich unglaubwürdig gemacht. Drohungen ohne Konsequenz sind eine typische Erziehungsfalle. Solche Androhungen sollten vermieden werden.

### Erklärung

Wenn Kinder im Vorschulalter in ein Spiel vertieft sind, ist das eigentlich ein erwünschtes Verhalten. Jetzt hat die Mutter aber das Ziel, dass Lisa sich alleine anziehen soll. Lisa lebt im Augenblick, kennt keinen Zeitplan und hat nur ein Ziel, nämlich spielen. Obwohl Lisa sich gerne alleine anzieht und dabei auch gerne trödelt, möchte sie jetzt spielen. Wieder ein typischer Zielkonflikt.

### Den Anfang verändern

Wenn die Mutter ohne Stress ihr Ziel erreichen möchte, muss sie im Anfang etwas verändern: Sie sollte Lisa nur einmal auffordern und dann bei Lisa bleiben, kleine Hilfestellungen geben und Ansätze zum erwünschten Verhalten verstärken. Wichtig ist es auch, auf Augenhöhe zu gehen, also nicht von oben herab ein Kind zu „dirigieren". Die Mutter könnte auch noch ein paar Minuten mit den Tieren mitspielen und diese geschickt mit einbinden. „Welches Tier darf denn heute zum Einkaufen mitkommen?" Das ist gut investierte Zeit mit guten Gefühlen! Lisa bekommt positive Zuwendung von der Mutter, sie wird über das Spiel motiviert und fast „wie von selbst" wird sie sich anziehen, denn sie bekommt ja Aufmerksamkeit und Anerkennung – ein Grundbedürfnis eines jeden Menschen, ob Kind oder Erwachsener.

**Tipps**
- Wenn ein erwünschtes Verhalten möglichst schnell eintreten soll, geben Sie Ihrem Kind Aufmerksamkeit und Hilfestellung für das erwünschte Verhalten.

- Durch die elterliche Präsenz kann das Kind jetzt „spielerisch" erwünschtes Verhalten zeigen und wird nicht mehr abgelenkt.
- Das Kind zu etwas auffordern und wieder aus dem Zimmer gehen, wenn ein Kind in ein Spiel vertieft ist, ist ein sicherer Weg in eine negative Verhaltenskette.
- Aus einem anderen Zimmer laut Anweisungen zu geben nützt nichts. Sie werden „nicht gehört". Besser ist es, zum Kind hinzugehen, Blickkontakt herzustellen – „Schau mich bitte an" – und das Ziel mit einem Wunsch zu formulieren: „Ich möchte, dass du dich jetzt anziehst."

**TÜRÖFFNER BEI AUFFORDERUNGSKONFLIKTEN**

Um bei Aufforderungskonflikten das Kind dazu zu bringen, etwas zu tun, können Sie als Türöffner Blickkontakt einsetzen, dazu die bereits genannte „VW-Regel" oder „B-B-Regel".

Stellen Sie **Blickkontakt** her. Gehen Sie zu dem Kind hin, sagen Sie: „Schau mich bitte an", und formulieren Sie Ihr Ziel als Wunsch oder als Bitte.

Nach der „**VW-Regel**" formulieren Sie statt Vorwurf einen Wunsch: „Ich möchte, dass du dich jetzt anziehst."

Nach der „**B-B-Regel**" formulieren Sie statt Befehlen eine Bitte: „Zieh dich jetzt bitte an."

## Nie kommen wir pünktlich aus dem Haus

Zum Thema Pünktlichkeit können alle Eltern viele Geschichten erzählen. Auch Ihnen werden sicher genügend jede Menge Beispiele einfallen, wie Sie zu spät gekommen sind, weil Ihr Kind nicht rechtzeitig fertig war.

### Erklärung

Das Thema Pünktlichkeit ist für Erwachsene ein Problem, das sie täglich unter Druck setzt. Vorschulkinder haben noch kein Zeitgefühl. Sie denken weder in die Vergangenheit noch in die nahe Zukunft. Das Leben findet im Augenblick statt. Das Kind kann nicht verstehen, warum die Erwachsenen es immer so eilig haben. Ihren Zeitdruck geben Eltern oft schon in ihrer ersten Aufforderung an das Kind weiter: „Mach schnell, komm endlich, trödle nicht so, Papa wartet, wir verpassen den Bus, wenn du dich nicht beeilst!" Womöglich hat Mama dabei noch das Handy am Ohr und packt mit der freien Hand ihre Handtasche. „Multitasking" nennt man so etwas. Für ein Vorschulkind ein Fremdwort.

Beeilt sich Ihr Kind? Nein, das Gegenteil tritt ein. Es verhält sich „unerwünscht", indem es der Aufforderung gar nicht oder nur sehr langsam nachkommt. Druck erzeugt entweder Gegendruck oder „lähmt" das Kind: Wird zu viel auf das Kind eingeredet, geschimpft, gedroht, reagiert es gestresst. Es ist noch zu klein, um Stress regulieren zu können, das können selbst Erwachsene nur schwer.

## Stress führt zu unerwünschtem Verhalten

Multitasking ist ein verbreiteter Stressor, wir haben zu nichts mehr richtig Zeit und fühlen uns ständig unter Strom. Kinder kennen kein Multitasking, aber auch sie geraten unter Stress, wenn zu viel auf sie einströmt. Stress löst einen biochemischen Prozess im Gehirn aus, der Auswirkungen auf das Verhalten hat und Lernen blockiert. Ist die Stressachse zu hoch, reagiert das Kind mit „Flucht oder Angriff". Es „hört" nicht, zieht die Decke über den Kopf, läuft aus dem Zimmer oder schreit „Ich will nicht", wirft die Kleidungsstücke auf den Boden, sich selbst noch dazu, tritt nach der Mama, wirft die Tür zu, benutzt Schimpfwörter. Diese Verhaltensweisen sind für die Eltern natürlich „unerwünscht". Oft sind sie überrascht über die Heftigkeit der Reaktion – das Trotzalter ist doch schon vorbei! – und geraten selbst unter Stress, denn für die Erwachsenen läuft die Uhr ja weiter. Jetzt schaukeln sich beide gegenseitig auf! Sich „erwünscht" zu verhalten ist somit nicht mehr möglich. In solchen Situationen ist der einzige Ausweg ein Stopp. Hören Sie auf zu reden (fällt Eltern ungeheuer schwer!), atmen Sie tief durch, zählen Sie langsam bis zehn und dann nehmen Sie das Kind in den Arm!

Berührung beruhigt, Worte regen auf. Wenn beide sich beruhigt haben – da können schon mal Tränen auf beiden Seiten fließen – können Sie Ihrem Kind helfen, sich zum Aufbruch fertig zu machen.

### EINE NEGATIVE VERHALTENSKETTE STOPPEN

- Nicht mehr reden,
- tief durchatmen,
- langsam bis zehn zählen,
- dann das Kind in den Arm nehmen.

**Tipps**

- Erwarten Sie unter Zeitdruck niemals schnelles Handeln von Ihrem Kind.
- Bauen Sie vor dem Aufbruch ein Zeitfenster ein, bleiben Sie beim Kind und geben Sie ihm Hilfestellung.
- Müssen Sie morgens auf dem Haus, suchen Sie (mit dem Kind) die Kleidungsstücke am Abend vorher aus und legen sie zurecht. Frühstückstisch und Pausenbrot richten Sie her, bevor Sie das Kind wecken.
- Achten Sie tagsüber darauf, dass Sie Ihr Kind nicht mitten im Spiel mit einer Aufforderung überfallen, sondern ihm Zeit geben. „Du kannst noch spielen, lesen, dösen, ich stell die Eieruhr und wenn diese läutet, dann komm

bitte zu mir, damit wir uns zum Gehen fertig machen können."

- Sollte Ihr Kind zu langsam sein, dann nicht reden und ermahnen (negative Zuwendung!), sondern helfen, also handeln.
- Auch hier verändern Sie den Anfang (A). So fördern Sie erwünschtes Verhalten und schonen Ihre Nerven.

## Es wird gegessen, was auf den Tisch kommt

Diese Einstellung kennen Sie sicher noch von früher, in Großfamilien gilt sie auch heute noch. Wo käme eine Mutter mit fünf Kindern oder eine Mehrgenerationen-Familie hin, wenn jedes Familienmitglied extra Wünsche hätte? Die Einkind-Familie, das Kind im Mittelpunkt, versucht es ihrem Liebling dagegen oft so angenehm wie möglich zu machen. Viele Einzelkinder dürfen bestimmen, was gegessen wird. Da kommt es schon vor, dass Mama jeden Tag Nudeln mit Tomatensoße machen soll, und wehe, sie versucht dem Kind Vitamine in Form von Salat, Gemüse oder Obst anzubieten. „Bäh, das esse ich nicht!", ist die Reaktion. Mama erklärt dem Kind geduldig, wie wichtig Vitamine sind, damit es groß und stark wird. Das ist dem Kind zu diesem Zeitpunkt aber völlig egal, es will einfach sein Lieblingsessen haben. Je mehr sie zu überzeugen versucht, umso mehr verstärkt sie das Verhalten „Ich will keine Vitamine essen".

Es gibt Kinder, die ausgesprochene Allesesser waren, doch kaum essen sie häufiger gemeinsam mit anderen Kindern, haben sie Spezialwünsche. „Der Finn muss auch kein Gemüse essen, der darf sich immer wünschen, was er mag, der hat eine ganz liebe Mama." Wieder andere Kinder sind schon im Babyalter heikle Esser, um jedes Gramm Gewichtszunahme wurde gekämpft und alles drehte sich um das Essen. In vielen Fällen ist Essen nichts Selbstverständliches, das Kind bekam und bekommt viel Aufmerksamkeit. Kaum weigert es sich zu essen, steht es im Mittelpunkt. Andererseits ist schon jedes dritte Kindergartenkind zu dick und Eltern sind gezwungen ein Süßigkeiten-Entzugsprogramm zu starten.

### Gemeinsames Essen

Essen ist wie Schlafen eigentlich ein Grundbedürfnis, das im Babyalter nach Bedarf gestillt werden sollte. Das Kind lernt aber auch schnell: „Immer wenn ich Langeweile habe, es mir nicht gut geht, Mama keine Zeit hat, dann gibt es etwas zu essen." Noch heute wird in fast jedem Geschäft die Scheibe Wurst, der Keks oder der Lutscher verschenkt, weil das Kind ja so brav wartet. Auch gibt es heutzutage alles to go, was Mütter dazu verführt, unterwegs schnell eine Brezel und einen Kakao oder süßen Saft zu kaufen, damit das Kind zufrieden und satt ist. Sie trinkt ja auch im Gehen einen Café Latte.

In vielen Familien gibt es keine geregelten Essenszeiten oder Tischregeln mehr. Die Erwachsenen haben entweder keine Zeit für ein gemeinsames Essen oder keine Lust dazu. Mama macht Diät, Papa kommt so spät nach Hause und hat schon in der Kantine gegessen, das Kind hat sich durch den Tag genascht und keinen Hunger mehr. Essen sollte aber in der Gemeinschaft stattfinden, nur so lernt ein Kind am Modell der Eltern, was gegessen wird und wie gegessen wird – und es schmeckt ja auch viel besser, wenn alle essen.

Wenn sie es von zu Hause nicht kennen, lernen die Kinder im Kindergarten Tischregeln: Bevor man anfängt, wartet man, bis alle etwas auf dem Teller haben, man wünscht Guten Appetit, und es wird das gegessen, was heute auf dem Speiseplan steht. Einige Einrichtungen kaufen mit den Kindern zusammen ein und bereiten gemeinsam das Essen zu. So macht Kindern das Helfen Spaß. Sie beobachten, wie Lebensmittel sich durch das Kochen verändern, und testen, wie unterschiedlich alles schmeckt. Neugierde, gemeinsam Essen zubereiten, den Tisch decken und mit den anderen Kindern essen macht Kinder zu Allesessern ohne Gebrüll und Machtkämpfe. Kinder sollen die Welt entdecken, auch die Vielfalt der Nahrungsmittel. Sie sollen früh lernen, was ihrem Körper gut bekommt und welche Dinge ungesund sind.

**Tipps**

- Überlegen Sie, welche Ziele Sie in Bezug auf das Thema Essen verstärken wollen.
- Betrachten Sie einmal selbstkritisch Ihr eigenes Essverhalten. Sind Sie ein ungünstiges oder günstiges Modell?
- Nehmen Sie Ihr Kind zum Einkaufen mit. Es darf mit auswählen, aber nicht bestimmen.
- Gehen Sie mit Ihrem Kind auf den Markt, zum Obsthändler, zum Metzger, in die Fischhandlung. Viele Kinder wissen nicht, wie ein Fisch aussieht und riecht. Sie kennen nur Fischstäbchen und Pommes.
- Kinder lernen noch mit allen Sinnen. Essen sollte ein sinnliches Vergnügen sein! Sie dürfen auch mal mit den Fingern essen, mal mit Stäbchen oder ganz erwachsen mit Messer und Gabel.
- Backen Sie mit Ihrem Kind seine Lieblingspizza. Es kann einen fertigen Teig belegen, oder Sie bereiten gemeinsam einen Hefeteig zu. So kann das Kind sehen, wie die Hefe aufgeht, wie gut der Teig riecht.
- Einmal pro Woche darf Ihr Kind sich sein Lieblingsessen wünschen, dabei hat es freie Hand.
- Essen sollte niemals als Belohnung oder Essensentzug als Strafe eingesetzt werden.
- Gibt es in Ihrer Familie Essensregeln, Tischregeln oder gemeinsame Essenszeiten? Wenn nicht, dann sollten Sie dies einführen.

- Wenn Sie selbst wenig Zeit zum Kochen haben, dann bitten Sie die Großeltern oder die Paten, Ihrem Kind diese gemeinsame Zeit zu schenken.

- Zumindest einmal am Wochenende sollten Sie sich mit der ganzen Familie an einen Tisch setzen und gemeinsam essen. Dabei können Sie über die Woche sprechen oder sich alles Mögliche erzählen. Essen in der Gemeinschaft ist ein wichtiges soziales Lernen, nicht umsonst heißt es: „Zeig mir, wie du isst, und ich sage dir, wer du bist und aus welchem Haus du kommst."

## Wie sieht es denn hier wieder aus?

Fast täglich erklingt dieser Ausruf in Familien. Raten Sie mal wer letztlich aufräumt. Mama!

### Erklärung

Spielen, bauen, basteln, malen gehört zur täglichen Beschäftigung eines Vorschulkindes und sollte gefördert werden. Kleine Kinder haben aber ihre eigenen Vorstellungen von Ordnung und breiten sich bevorzugt dort mit ihren Spielsachen aus, wo sich die Eltern aufhalten. Ein Kind will in der Nähe von Mama oder Papa spielen, um deren Aufmerksamkeit zu bekommen. Das schönste, voll ausgestattete Kinderzimmer ist für das Kleinkind langweilig, wenn Mama nicht mitspielt. Erst das Schulkind will ungestört in seinem Zimmer spielen.

Die Aufforderung zum Aufräumen – ein nachvollziehbares Ziel der Eltern – wird beim Kind erst einmal Widerstand auslösen, denn es will natürlich weiterspielen und auf keinen Fall aufräumen. Da haben wir einen großen Zielkonflikt! Dieser Konflikt entsteht meistens in den Abendstunden. Das Essen wartet, das Kind soll pünktlich ins Bett und die Eltern wollen ihren Feierabend nicht mitten in der Playmobillandschaft oder auf dem zur Ritterburg umgebauten Sofa verbringen. So entsteht zum einen Zeitdruck (für die Eltern), zum anderen sind die Kinder schon müde, aber noch nicht bereit, ihr Spiel zu unterbrechen.

### So helfen Sie Ihrem Kind, Ordnung zu halten

Quillt das Zimmer über, fällt es schwer, Ordnung zu halten, und Ihr Kind wird sich in den anderen Räumen der Wohnung ausbreiten. Reduzieren Sie also die Spielsachen. Dasselbe gilt für den Kleiderschrank! Es sollten sich nur die Kleidungsstücke und Schuhe der jeweiligen Jahreszeit im Schrank oder Regal befinden. So lernt Ihr Kind, sich die Kleidung selbst zu suchen und kann sie auch wieder wegräumen. Mit diesen vorbeugenden Maßnahmen können Sie viele Konflikte rund um das Thema Aufräumen ver-

> Die meisten Aufforderungskonflikte eskalieren nicht, wenn der Anfang verändert wird.

meiden, vorausgesetzt, Sie schaffen es, eine Ordnung und die dazugehörenden Regeln aufzustellen. Auch hier sind Sie als Eltern ein wichtiges Modell.

Wie bei den vorhergehenden Beispielen wird es garantiert zu einer unerwünschten Verhaltenskette kommen, wenn Mutter oder Vater Druck aufbauen. Daher sollte schon im Anfang eine Veränderung stattfinden, nur so kann eine Auseinandersetzung vermieden werden.

Fordern Sie Ihr Kind auf, aufzuräumen, dann bleiben Sie dabei und geben Hilfestellungen. Sie könnten zum Beispiel eine Eieruhr auf zehn Minuten stellen, damit es sich auf das Ende des Spielens vorbereiten kann. Vielleicht möchte es auch, dass Sie das Spiel bewundern oder sich erklären lassen oder noch zehn Minuten mitspielen. Wenn Sie im Zimmer bleiben und mit positiver Zuwendung Ansätze zum Aufräumen (erwünschtes Verhalten) unterstützen, wird Ihr Kind willig sein. Es bekommt ja Zuwendung.

- Kleinere Kinder sollten nicht plötzlich aus dem Spiel gerissen werden. Kündigen Sie ein paar Minuten vorher an, dass es gleich aufräumen muss. Stellen Sie beispielsweise eine Eieruhr.

- Machen Sie konkrete Vorschläge, was und wie Ihr Kind aufräumen soll: Die Bauteile kommen in die große Kiste, die Puppe darf auf dem Sofa schlafen und die tolle Burg wird vorsichtig zur Seite geschoben, damit sie morgen fertig gebaut werden kann. Ihr Kind muss somit nicht alles wieder wegräumen und ist damit positiv gestimmt.

- Neigt Ihr Kind dazu, in seinem Kinderzimmer alles kreuz und quer liegen zu lassen und fängt immer wieder ein neues Spiel an, sollten Sie mit ihm ausmachen: „Bevor du etwas Neues beginnst, räume die anderen Sachen wieder auf." Dafür braucht es zunächst Hilfestellung, denn was wichtig ist oder nicht, nimmt das Kind anders wahr als der Erwachsene. Nebenbei bemerkt, gibt es erfahrungsgemäß viel zu viele Spielsachen im Kinderzimmer.

- Ein bewährte Maßnahme wäre: Räumen Sie zusammen mit Ihrem Kind einmal pro Woche mit System auf. Das Kind bestimmt und Sie beraten. Gibt es Dinge, mit denen es zurzeit nicht spielen mag, kommen diese in eine große Schatzkiste, die in den Keller gestellt wird. Einmal pro Monat wird der Inhalt dieser Kiste ausgetauscht und plötzlich sind die Sachen wieder attraktiv.

## Schlaf, Kindlein, schlaf …

Sie kennen das Wiegenlied sicher auch noch: „Schlaf, Kindlein, schlaf, der Vater hüt die Schaf, die Mutter schüttelt's Bäumelein, da fällt herab ein Träumelein, schlaf, Kindlein, schlaf." Und schon fallen die Augen zu und das Kind schläft ein. Schön wär's, denken Sie jetzt vielleicht, denn eigentlich gab es bei Ihrem Kind schon immer Ein- oder Durchschlafprobleme.

**Erklärung**

Nichts beschäftigt Eltern so sehr wie das Thema Schlafen. Schon im Babyalter werden alle möglichen Rituale und Tricks ausprobiert. Ratgeber werden gelesen, darin wird dann behauptet „Jedes Kind kann schlafen lernen", man müsse nur die Rezepte anwenden. Das wiederum raubt so mancher Mutter den Schlaf und Papa ist schon längst ins Wohnzimmer oder – noch besser! – ins Kinderzimmer umgezogen. Großeltern schütteln den Kopf und sagen: „Bei uns gab es so ein Theater nicht. Licht aus, Tür zu und es war Ruh. Ihr lasst euch auf dem Kopf rumtanzen." Das ist nicht sehr hilfreich, denn viele Eltern wollen ihrem Kind heute mit viel Einfühlung und Verständnis helfen, in den Schlaf zu finden. Schlaf bedeutet ja Abbruch des Tages, Ende der Aufmerksamkeit und Trennung von den Eltern. Das fällt den meisten Kleinkindern sehr schwer, da sie ihre Bedürfnisse und Emotionen voll ausleben und sich alleine noch nicht steuern können. Dazu brauchen sie die Hilfe der Eltern. Aber bedenken Sie: Kinder müssen nicht „schlafen lernen", Schlafen ist ein angeborenes Grundbedürfnis und jedes Lebewesen entwickelt einen Wach-Schlaf-Rhythmus. Eltern müssen vielmehr lernen, ihrem Kind diese Schlafphase zu ermöglichen.

Das Gehirn des Kindes befindet sich tagsüber in einem hohen Erregungszustand, dieser muss erst gesenkt werden, damit das Kind in den Schlaf gleiten kann. Dazu braucht es Nähe und Rituale, die ihm Sicherheit geben. Für Babys ist der Übergang von wach sein zu müde werden noch sehr plötzlich. Sie weinen und nölen, sind verunsichert. Statt sie zu wiegen und mit einem Schlaflied einzulullen, nehmen Eltern ihre Babys dann oft wieder aus dem Bettchen, denn das arme Kind soll doch nicht weinen. Vielleicht hat es ja noch Hunger oder Durst, denken sie. (Das Baby nuckelt gerne, das ist auch ein Grundbedürfnis, und es bekommt wieder volle Aufmerksamkeit, ebenfalls ein Grundbedürfnis.) So bekommt es noch mal die Brust oder Flasche, danach braucht es eine frische Windel – und jetzt ist es wieder gestärkt und hellwach. Papa trägt es umher oder fährt mit dem Auto um den Block, bis es eingeschlafen ist, das ist die motorisierte Wiege. Nur wacht es dummerweise wieder auf, wenn es ins Bettchen gelegt wird. So beginnt das Ganze von vorn, bis Mama sich mit dem Kind zusammen ins Bett legt. Ihre Wärme und ihr Geruch beruhigen es sofort. Es wird Oxytocin ausgeschüttet, unser Beruhigungs- und Kuschelhormon. So kommt das Stresssystem zur Ruhe und das Baby kann einschlafen.

Im **ersten Lebensjahr** sollten Eltern ihrem Baby bedingungslos diese körperliche Nähe geben, damit es gut einschlafen kann. Es braucht die Sicherheit und Nähe seiner Bezugsperson, das Verhalten der Eltern hat somit nichts mit Verwöhnen zu tun! Im Gegenteil, Eltern geben ihrem Baby Halt und Sicherheit und helfen ihm, sich sicher zu binden, ein Urvertrauen aufzubauen. In anderen Kulturen ist das selbstverständlich und wird als „Co-sleeping" bezeichnet. Ein sicher gebundenes Baby wird später als Kleinkind keine Schlafstörungen entwickeln.

Ein **zwei- bis dreijähriges** Kind möchte ebenfalls die volle Zuwendung der Eltern und versucht das Schlafengehen möglichst hinauszuzögern. Dies tut es schon sehr bewusst und es kann mit seinem unerwünschten Verhalten seine Eltern steuern. Die Eltern versuchen Verständnis zu zeigen – und wenn sie auf die Verzögerungsstrategien ihres Kindes eingehen, dann verstärken sie mit ihrer liebevollen positiven Zuwendung das „nicht Schlafen" oder lassen sich darauf ein, dass die Kinder im Elternbett schlafen. Wenn sie hingegen schimpfen und das Kind versuchen zu überreden, doch endlich im Bett zu bleiben, verstärken sie das unerwünschte Verhalten ebenso, nur dass jetzt das Stresssystem des Kindes – aber auch das der Eltern – hochfährt (negative Verhaltenskette) und eine Beruhigung erst dann möglich ist, wenn das Kind sein Ziel (nicht schlafen) erreicht hat oder die Mama erschöpft neben dem Kind einschläft. Körpernähe beruhigt, das will das Kind jetzt nicht mehr missen – es ist konditioniert, sagen die Psychologen –, und wehe, die Eltern versuchen eine neue

Methode, dann wird es so lange immer wieder aus dem Bett kommen und schreien, bis es seine gewohnten Rituale bekommt. Dies kann sich über Jahre hinziehen, auch das Eheleben kann darunter leiden. Je älter das Kind wird, umso schwieriger wird es, die „Entwöhnung" einzuleiten – nicht für das Kind, sondern für die Eltern. Erst wenn der Leidensdruck zu groß wird, sind die Eltern bereit, sich fachliche Hilfe zu holen.

Ab dem **dritten Lebensjahr** sind die Kinder tagsüber viel unterwegs, sie erleben alles Mögliche, bewegen sich viel und machen, wenn überhaupt, mittags nur ein Nickerchen. In der Regel sind sie somit abends müde, drehen aber oft noch einmal voll auf, wenn Papa oder Mama nach Hause kommen oder noch ein Besuch vorbeischaut. Jetzt genießen sie die volle Aufmerksamkeit der Erwachsenen und wollen nicht zu Bett gehen. Sie sind aber auch wie kleine Seismografen und spüren, wenn es Probleme bei den Erwachsenen gibt. Dann werden sie besonders anhänglich und wollen die Nähe von Mama oder Papa auskosten.

Der Zeitpunkt des Zubettgehens kann ebenfalls ein Auslöser für Auseinandersetzungen sein, denn eine Nachteule wird sicher nicht um 20 Uhr ins Bett wollen. Viele Eltern setzen Kinder auch zu sehr unter Druck, da sie Punkt 20 Uhr ihre Nachrichten in Ruhe sehen wollen oder meinen, ihr Vorschulkind müsse im Kindergarten fit sein

## RITUALE SIND WICHTIG

Schauen Sie auch hier genau auf den Anfang – gibt es bestimmte Regeln und Rituale, die das Zubettgehen einleiten?

Kinder lieben Rituale und achten sehr genau darauf, dass diese von den Eltern eingehalten werden. Da wirken Kinder fast zwanghaft. Wehe, ein Ritual wird ausgelassen oder umgestellt! Das ist ein sicherer Auslöser für einen handfesten Konflikt. Die Beendigung dieses Konfliktes kostet viel elterliche Energie und Tränen bei dem Kind und letztlich vergeht viel mehr Zeit mit unerwünschtem Verhalten und negativer Zuwendung, als wenn Sie sich gleich an die Rituale halten.

Es lohnt sich, Rituale zusammen mit dem Kind frühzeitig einzuführen. Das Kind bekommt somit die volle Zuwendung und Aufmerksamkeit mit positiver Verstärkung und zeigt dadurch erwünschtes Verhalten.

Von der ersten Aufforderung „Jetzt beginnen wir unser Abendritual" bis zum Einschlafen des Kindes sollten Sie mindestens 30 Minuten, besser 45 Minuten einplanen. Beliebte Abendrituale sind:

- Zusammen aufräumen
- Die Kleidung für den nächsten Tag aussuchen
- Eine Geschichte vorlesen: Die Stimme der Mutter oder des Vaters hat eine beruhigende Wirkung und das Kind kann sich anschmiegen
- Im Badezimmer mit den Zahnbürsten „tanzen"
- Das Kind ins Bett begleiten, ein Gute-Nacht-Lied, ein Kuss, ein liebevoller Blick – und die Schlaf-Fee wartet schon, bis Mama oder Papa das Zimmer verlässt

und deshalb zwölf Stunden schlafen. Kinder zeigen aber schon im Kleinkindalter ein unterschiedliches Schlafbedürfnis. Ein Verhaltensprotokoll nach dem ABC-Schema (siehe Seite 45) ist da sehr hilfreich.

### Abendrituale und Konsequenz

Auf Verzögerungstaktiken reagieren Sie, indem Sie dem Kind keine Zuwendung geben. Wenn Ihr Kind „Noch eine Geschichte" fordert, immer wieder aus dem Bad gelaufen kommt, sich nackt auf den Boden legt, „Ich habe Hunger" oder „Ich habe Durst" oder „Papa soll kommen" ruft, bleiben Sie gelassen. Sie wissen bereits, dass Sie ihm dafür keine Zuwendung geben. Erwünschtes Verhalten verstärken Sie hingegen durch Zuwendung und Hilfestellungen.

Führen Sie zum ersten Mal Abendrituale ein, sollten Sie diese dem Kind erklären und es mitbestimmen lassen, was es möchte. Hat Ihr Kind bisher immer Sie dirigiert, bis Sie zuletzt erschöpft mit ihm im Zimmer oder Elternbett einschliefen, dann sollten die Eltern mit dem Kind besprechen, welche Veränderungen jetzt erwünscht sind.

**Tipps**

- Das große Ziel „ohne Theater ins Bett gehen und alleine einschlafen" sollte in Teilzielen angesteuert und anfangs mit viel Hilfestellung verstärkt werden.
- Sie können Ihr Kind mit Belohnungsstickern oder Stempeln motivieren. Für fünf Sticker bzw. Stempel darf es

sich etwas wünschen, was vorher vereinbart wurde. Mit Dreijährigen klappt das gut.

- Die Tür darf einen Spalt aufbleiben. Ein kleines Nachtlicht vertreibt das Angst-Gespenst. Leise Musik hat ebenfalls einschläfernde Wirkung.
- Eltern sollten sich abwechseln, damit das Kind nicht zu sehr von einer Person abhängig wird.
- Vorsicht: Kinder sind erfinderisch, um Aufmerksamkeit zu bekommen. Das Angst-Gespenst „Mama ich hab Angst" macht Eltern oft wieder inkonsequent. Dazu mehr im Kapitel „Emotionale Konflikte" ab Seite 112.

### ZIEHEN SIE AN EINEM STRANG

Das Allerwichtigste beim Thema Schlafengehen ist, dass Sie sich über Ihre Ziele im Klaren und als Paar einig sind. Sonst wird Ihr Kind schnell herausfinden, bei welchem Elternteil es sein Ziel „möglichst lange Aufmerksamkeit bekommen" erreichen kann. Der konsequente Elternteil ist dann „die böse Mami" und der inkonsequente „der liebe Papi" oder umgekehrt.

Schaffen es aber beide Eltern, liebevoll konsequent die Rituale einzuhalten und nur noch erwünschtes Verhalten zu verstärken, allen Ansätzen von unerwünschtem Verhalten aber keine Zuwendung zu geben, wird das Kind innerhalb von einer Woche ohne Theater zu Bett gehen.

# Bedürfniskonflikte

## Mein Kind ist unausstehlich

Eltern-Kind-Konflikte entstehen oft durch unterschiedliche Erwartungen und Bedürfnisse. Je jünger das Kind ist, umso weniger kann es warten, es kann sich auch noch nicht in die Lage eines anderen Menschen hineinversetzen.

Die folgenden Situationen kommen Ihnen vermutlich bekannt vor, und sicher haben Sie selbst noch weitere Beispiele auf Lager. Es geht immer um die unmittelbare Befriedigung der Bedürfnisse des Kindes.

- Das Kind möchte entweder volle Aufmerksamkeit oder ganz in Ruhe gelassen werden.
- Es will alles alleine machen, hat aber noch kein Gespür für Zeit oder Gefahr.
- Es hat Hunger und will sofort etwas zu essen.
- Das Kind hat Langeweile und Mama und Papa sollen alles liegen und stehen lassen und mit ihm spielen oder ihm vorlesen.
- Es will rennen und klettern, aber Oma ist so langsam oder lässt es nicht von der Hand.
- Es ist müde, legt sich mitten auf den Boden und möchte sofort seinen Schlafbären.
- Täglich will es sein Lieblingsessen.
- Warum sauber werden, wenn Mama nachts immer noch Windeln anlegt?

- Telefonieren darf Mama nur kurz, das Kind plappert dazwischen, bis Mama den Hörer auflegt. Sie ist dann zwar genervt, aber jetzt hat es Mama wieder für sich alleine!
- Im Schaufenster steht ein so toller Schaufelbagger und Papa muss ihn sofort kaufen. Dass am Sonntag die Geschäfte nicht aufhaben, kann es nicht einsehen.
- Es will jetzt sofort mit Mama kuscheln und die doofe Schwester, mit der Mama gerade Hauaufgaben macht, wird weggeschubst.
- Mama ist die Beste und darf beim Kinderturnen nicht von seiner Seite weichen.
- Schlafen ohne Mama – niemals, denn Mama ist so weich und warm. Papa kann sehen, wo er bleibt.
- Es will mit seiner Erzieherin alleine sein und „schmollt", wenn diese ihm erklärt, dass sie auch für andere Kinder da ist.

### Erklärung

Der kleine zweijährige Egoist soll lernen, sich anzupassen und in eine Gemeinschaft einzufügen. Das gelingt ihm aber erst so richtig ab dem dritten Lebensjahr. Das Kleinkind lernt über Nachahmung und positive Verstärkung soziales Verhalten, also die Bedürfnisse seiner Mitmenschen immer mehr zu respektieren. Das soziale Lernen ermöglicht die soziale Kompetenz. Ein dreijähriges Kind sollte diese soziale Kompetenz besitzen.

Sich anzupassen fällt einem Kleinkind erst einmal schwer. Wie schwer, hängt von seinem Temperament und seiner Stellung in der Familie ab: ob es Einzelkind ist oder Erstgeborenes, ob Mädchen oder Junge. Wird es von seinen Eltern in seinem sozialen Lernen positiv unterstützt, wird sein erwünschtes Verhalten positiv verstärkt, und werden seine Gefühle respektiert, entwickelt sich ein selbstbewusstes, soziales Kind. Wird es aber negativ verstärkt, also mit Schimpfen und Strafen, mit strengen Disziplinmaßnahmen, und macht es schmerzvolle Erfahrungen, kann es ängstlich, unsicher oder aggressiv werden. Dieses negative elterliche Verhalten verhindert die Entwicklung einer sozialen Kompetenz und eines gesunden Selbstwertgefühls. Ein gezüchtigtes, beschämtes Kind lernt sich zu unterwerfen und wird später versuchen, andere zu unterdrücken. Es verlernt positiv zu denken, erwünscht zu handeln und fühlt sich schnell verunsichert. Somit ist es ständig in Abwehrhaltung. Schon vierjährige Kinder, die zu Hause Gewalt erleben, nehmen in ihren Rollenspielen Opfer- oder Täterrollen ein.

> Die Aufgabe lautet, das erwünschte Verhalten des Kindes konsequent zu lenken und dabei authentisch zu bleiben.

## DEM KIND EIN GUTES VORBILD SEIN

Der Entwicklungssprung und Reifeprozess, den die Kinder zwischen ihrem zweiten und sechsten Lebensjahr machen, ist immens groß. Wenn die Bedürfnisse von Kindern und Eltern aufeinanderprallen, gibt es vor allem in dieser Zeit jede Menge Konflikte.

Es sind die Entwicklungsschritte von einem Kleinkind im Trotzalter, das nur im Augenblick lebt, zu einem Forscherkind zwischen drei und vier Jahren, das seine Gefühle voll auslebt und bis zu einem sozial immer kompetenteren Kind zwischen fünf und sechs Jahren, das seine Bedürfnisse verbalisieren kann, abwarten kann, Mitgefühl und Verständnis zeigt und seine Gefühle steuern kann. Es sieht Regeln ein und hält sich an diese.

Wenn Eltern diese Herausforderung in der Erziehung gemeistert haben, können sie stolz auf ihr Kind sein und ihm viel Verstärkung geben. Ein solides Fundament wurde gelegt.

Bedürfniskonflikte sind nicht vermeidbar, sie kommen täglich vor. Damit gut umzugehen bedeutet: Seien Sie ein gutes Vorbild für Ihr Kind, verhalten Sie sich selbst diszipliniert. Nehmen Sie das unerwünschte Verhalten des Kindes nicht persönlich und stecken Sie eigene Bedürfnisse auch mal zurück. Die Aufgabe lautet, das erwünschte Verhalten des heranwachsenden Kindes konsequent zu lenken und dabei als Eltern authentisch zu bleiben. Eine hohe Herausforderung!

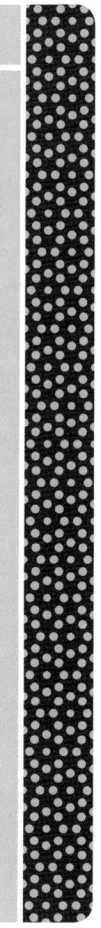

Wenn sich ein gesundes, selbstsicheres Kind ganz natürlich gegen eine zu starke Einschränkung seiner Bedürfnisse wehrt und seine Gefühle impulsiv zeigt, heißt es schnell: „Mein Kind ist unmöglich." Andererseits verhalten sich Kinder, deren Bedürfnisse ständig sofort erfüllt werden und die keinerlei Grenzen erfahren, genauso unausstehlich. Diese „verwöhnten" Kinder haben keine soziale Kompetenz gelernt und fallen später als unangenehme Egoisten auf, die rücksichtslos auf sofortige Bedürfnisbefriedigung aus sind. Davon gibt es genügend Beispiele in der Gesellschaft.

**Tipps**

- Sprechen Sie den jeweiligen Bedürfniskonflikt an. Schreit Ihr Kind zum Beispiel auf dem Nachhauseweg vom Kindergarten: „Ich hab Hunger, kauf mir etwas!", entgegnen Sie ihm: „Du willst jetzt sofort etwas zu essen, weil du Hunger hast. Ich habe auch Hunger. Aber ich möchte einen Salat machen, dabei kannst du mir helfen und die Mohrrübe naschen."
- Wenn Ihr Kind provoziert und schreit: „Ich will eine Brezel vom Bäcker", geben Sie ihm keine Zuwendung auf das Schreien.
- Lenken Sie Ihr Kind ab und fragen Sie zum Beispiel, was es nach dem Essen spielen möchte. So schenken Sie dem unerwünschten Verhalten keine Aufmerksamkeit

und erfüllen trotzdem sein Grundbedürfnis nach Aufmerksamkeit und Zuwendung.

- Formulieren Sie die vermuteten Gefühle Ihres Kindes. „Du bist enttäuscht, dass du den Bagger nicht kaufen kannst, aber schau, die Tür ist versperrt, wir schreiben deinen Wunsch auf eine Liste."
- Langeweile darf sein! Kinder sollen nicht immer beschäftigt und bespaßt werden. Planen Sie nicht so viele Aktivitäten. Kinder können sich gut selbst beschäftigen.

## Mein Kind will alles alleine machen

Wie ich in meinem Erziehungsratgeber „Das Trotzkopfalter" ausführlich beschrieben habe, beginnt die Willensentwicklung, das Ich-Bewusstsein um das zweite Lebensjahr.

### Erklärung

Das Kind erlebt sich jetzt als Individuum und kann sprachlich und körperlich seinen Willen ausdrücken: „Ich will alleine", „Ich will haben", „Das ist meine Mama", „Das ist mein Auto". In diesem Alter grenzt das Kind sich ab, es widersetzt sich Aufforderungen, es will alleine bestimmen. Damit gibt es täglich genügend Zielkonflikte. Mit seinem „Nein" oder seinem „Rappel" zeigt es zunehmend seine Selbstständigkeit, seinen Willen. Es protestiert, wenn es etwas nicht darf oder nicht bekommt, und macht genau das Gegenteil von dem, was es soll, um auszuprobieren, wie der Erwachsene reagiert. Eine völlig gesunde Entwicklung – und dennoch sehr anstrengend für die Eltern. Denn sie müssen ihrem Kind Grenzen setzen – zudem gibt es natürliche Grenzen. Diese Grenzen erlebt das Kind als Hindernis, denn es kann noch nicht abwarten oder Kompromisse eingehen, es kann noch nicht vorausdenken und die Konsequenzen seines Handelns noch nicht einsehen. Es hat auch noch kein Zeitgefühl. Auf „Nein" reagiert es mit Enttäuschung und Wut.

Oft überfordert sich das Kind auch selbst in seinem Handeln, vor allem wenn es hungrig oder müde ist. Auf der anderen Seite hat es alle Zeit dieser Welt und will viel ausprobieren, da es motorisch immer geschickter wird. Es kann nicht verstehen, wenn der Erwachsene ungeduldig wird. Eine Gratwanderung für die Eltern: Auf der einen Seite freuen sie sich, dass das Kind schon so viel alleine machen kann, auf der anderen Seite lassen sich Grenzen nicht vermeiden und dann müssen Eltern die Wutanfälle ihres Zornnickels ertragen. Danach braucht das Kind erst einmal Trost und Ablenkung.

> Zeitdruck ist ein häufiger Auslöser für einen Trotzanfall.

Zeitdruck ist ein häufiger Auslöser für einen Trotzanfall. Wenn Sie Ihr Kind jedoch in seiner zunehmenden Selbstständigkeit bestärken und viel alleine machen lassen, ihm Zeit lassen und es immer wieder positiv verstärken, fördern Sie sein Selbstbewusstsein und seine Geschicklichkeit und es kann seinen Erfahrungsraum erweitern. Nach dem Motto „Hilf mir, es selbst zu tun". Sein „Nein, alleine machen" schließt ja eine Hilfestellung nicht aus, wenn es mal schneller gehen soll. Damit vermeidet man Machtkämpfe. Selbstwert und Selbstsicherheit kann ein Kind nur entwickeln, wenn es ausprobieren darf, Fehler machen darf und wenn es spürt, dass die Eltern ihm den Freiraum zur Selbstständigkeit gewähren und es dabei positiv unterstützen.

Erfährt ein Kind in dieser Entwicklungsphase zur Selbstständigkeit zu enge Grenzen, indem es oft ausgeschimpft oder ausgelacht wird und ihm immer wieder vermittelt wird, dass es noch zu klein oder zu dumm ist, vieles noch nicht kann, wird es beschämt und beginnt an seinen Fähigkeiten zu zweifeln. Es wird sich immer weniger zutrauen, sich hilflos fühlen, es wird unselbstständig und sich passiv verhalten. Ein „braves" Kind? Spätestens im Kindergarten wird es als unselbstständig und passiv eingestuft und von anderen selbstbewussten Kindern gehänselt.

Diese Entwicklung des Willens – „Alleine machen" – sollten Sie immer positiv verstärken. Auch wenn diese Zeit anstrengend ist, ist es wichtig, das Selbstbewusstsein Ihres Kindes zu fördern. Sie dürfen und müssen Grenzen setzen und Ihrem Kind helfen, diese einzuhalten. Nur so kann es Frustrationstoleranz entwickeln und seine Gefühle zunehmend besser regulieren, da es sich in seiner Persönlichkeit und wachsenden Selbstständigkeit angenommen fühlt.

## Mein Kind will nicht ohne Mama

Ein sicher gebundenes zweijähriges Kind kann sich schon gut stundenweise von seiner Mutter lösen, wenn es von einer ihm vertrauten Person betreut wird. Optimalerweise wäre das ein Elternteil, wenn Mama abends einen Termin hat, oder ein Großelternteil, wenn die Mutter tagsüber Verpflichtungen nachgeht.

Viele Kleinkinder müssen sich jedoch schon im ersten Lebensjahr oder knapp danach an andere Bezugspersonen gewöhnen, da die Mutter wieder arbeiten geht. Hat man eine Wahl, sollte die Betreuung durch eine liebevolle Tagesmutter oder Kinderfrau geschehen. Eine Eins-zu-Eins-Betreuung ist zwar kein Mutterersatz, aber eine Person kann auf den Kummer des kleinen Kindes besser eingehen, wenn Mama gegangen ist und es weinen muss. Trennungsschmerz tut weh und braucht Trost. Dabei brauchen stille Kinder genauso Kuscheleinheiten wie die Kinder, die ihren Kummer laut äußern. Alle Kinder sehnen sich nach Mama.

In einer Kinderkrippe muss das Personal oft mehrere weinende Kinder trösten, das ist Stress für das Personal und Stress für die Kinder. In einer guten Krippeneinrichtung sollten immer nur wenig Einjährige sein und mindestens zwei Erzieher für sechs Kinder. Dreijährige haben schon viel Mitgefühl und können die Kleinsten ablenken. Die Eingewöhnung sollte immer gestaffelt stattfinden, sodass ein Erzieher für den Trost zuständig sein kann. Viel Körperkontakt ist wichtig, dann kann das Wohlfühlhormon Oxytocin ausgeschüttet werden, welches das Stresshormon Kortisol hemmt.

Kleinkinder haben noch kein Zeitgefühl, deshalb ist sowohl der Trennungsschmerz groß als auch die Wiedersehensfreude, wo vor Erleichterung wieder geweint werden muss und Mamas Hand oder Arm nicht mehr losgelassen wird.

**Warum klammern Kleinkinder?**

Im zweiten Lebensjahr gibt es eine sogenannte zweite Fremdelphase, das Kind klammert plötzlich und nur Mama darf bei ihm sein. Nicht mal auf die Toilette darf Mama alleine. Selbst die Großeltern werden erst einmal abgelehnt und Papa darf es nicht mehr ins Bett bringen. Nur Mama kann trösten! Ein sicheres Zeichen für eine gute Bindung, die damit noch einmal gefestigt wird. Das wird von den Eltern oft missverstanden und das Kind bekommt negative Zuwendung und wird aufgefordert, sich nicht so anzustellen, es sei doch schon ein Laufkind. Das stresst das Kind noch mehr und es bekommt Angst, die Mama zu verlieren: Trennungsangst. Wird das Kind weggeschoben, in ein anderes Zimmer gebracht oder – noch schlimmer – sperrt sich die Mutter ein, kann es panisch reagieren. Time out oder stiller Stuhl darf zu Hause und in frühpädagogischen Einrichtungen nicht bei emotionalen Konflikten angewendet werden. Damit wird das Furchtsystem verstärkt und das Kind ist untröstlich. Seelischer Schmerz tut genauso weh wie körperlicher Schmerz! Wird ein Kind nicht getröstet, können lang anhaltende Ängste und Vermeidungsverhalten (Verweigerung, woanders hinzugehen) entstehen.

### KÖRPERKONTAKT TRÖSTET

Klammern ist kein unerwünschtes Verhalten, sondern ein Zeichen von Verunsicherung und seelischer Not. Kinder, die in der Fremdbetreuung nach der Trennung von der Mutter sofort Trost und Körperkontakt bekommen und sicher gebunden sind, beruhigen sich schnell, lassen sich ablenken und benötigen eine kürzere Eingewöhnungszeit. Kleinkinder sollten möglichst individuell und ohne Zeitdruck an eine Fremdbetreuung gewöhnt werden.

Bei jedem Abschied und jeder Begrüßung sollte die Mutter ihr Kind fest umarmen. Tränen sind eine emotionale Reaktion auf Stress. Berührung, eine ruhige Stimme und Geruch beruhigen das Stresssystem. So kann ein Kuscheltuch mit Mamas Geruch über die Abwesenheit hinwegtrösten.

Mit ungefähr 16 Monaten, genau in dieser zweiten Fremdelphase, kommen die meisten Kinder berufstätiger Mütter in eine Krippeneinrichtung. Hat sich das Kind nach drei bis oft fünf Monaten Eingewöhnungszeit an die Trennung gewöhnt und akzeptiert die Kleingruppe, kommt oft schon die nächste Veränderung und ein Geschwisterkind wird geboren. Das Zweijährige kann dann wieder sehr klammern und zeigt ein Baby-Verhalten.

Die moderne Erziehungseinstellung und die Ängste der Mütter vor finanzieller Abhängigkeit oder Karriereverlust verlangen von den Kindern oft viel zu frühe Trennungen. Die emotionalen Folgen sind für die betroffenen Kinder, Eltern und Erzieher sehr anstrengend. Viele Studien weisen darauf hin, dass zu frühe Trennungen das Stressregulationssystem im Gehirn des Kleinkindes nachhaltig beeinflussen. Trennungsangst kann einen Menschen ein Leben lang begleiten. Er reagiert als Erwachsener in Krisen wie ein Kind – mit Klammern, Ängsten und depressiven Reaktionen.

# Special: Mit Bedürfnissen im Alltag umgehen

Grundbedürfnisse wie Schlafen, Essen, Austausch mit anderen, Nähe, Liebe und Zuwendung haben sowohl Sie als auch Ihre Kinder. Im alltäglichen Miteinander geht es darum, dass diese Bedürfnisse befriedigt werden. Das geht vor allem bei Kleinkindern nicht ohne Konflikte, doch wenn Sie aufeinander achten und respektvoll miteinander umgehen, kann ein weitgehend entspannter Alltag gelingen.

- Bleiben Sie konsequent bei der Einhaltung von Regeln, sonst nimmt Ihr Kind Sie nicht mehr ernst.
- Regeln helfen, den Alltag zu strukturierten, sie gelten für alle Familienmitglieder.
- Regeln schaffen Verlässlichkeit und geben Sicherheit.
- Sprechen Sie Ihre Bedürfnisse an. „Ich bin jetzt müde und möchte ausruhen, bitte schau dir das Bilderbuch an. Ich stelle die Eieruhr, dann darfst du zum Kuscheln kommen."
- Schlaf ist auch ein Grundbedürfnis der Eltern. Sie dürfen in Ihrem eigenen Bett schlafen und das Kind in seinem! „Wenn du nachts zu uns ins Bett kommst, tragen wir dich zurück, am Morgen darfst du kuscheln kommen."
- Sich lieben ist ebenso ein Grundbedürfnis der Erwachsenen. Nehmen Sie Ihr Kind, aber auch Ihren Partner wieder öfters in den Arm. Es sollte auch wieder mehr Partnerzeit geben. „Mama und Papa wollen jetzt nicht gestört werden."
- Essen ist ein Grundbedürfnis. Nehmen Sie sich Zeit, um gemeinsam zu essen.

- Sich austauschen und reden, geachtet werden ist ein Grundbedürfnis. Setzen Sie sich als Familie häufiger zusammen, machen Sie den Fernseher, das Handy und den Laptop für eine bestimmte Zeit aus. Machen Sie Spiele oder lesen Sie sich Geschichten vor. Ihre Kinder werden ganz Auge und Ohr sein.

- Gemeinsame Ausflüge stillen das Grundbedürfnis nach Nähe, Erforschen, Bewegung und Ausprobieren und stärken das Gemeinschaftsgefühl. Beziehen Sie ruhig auch die Großeltern mit ein. In der Regel ist die ältere Generation heute noch fit, Großeltern haben oft auch die besseren Nerven, viel Zeit für Unternehmungen und dürfen die Kinder verwöhnen.

- Vermeiden Sie Vorwürfe und Befehle, wenn Ihr Kind bockig ist. Ein Kind kann sich noch nicht so beherrschen oder abwarten, wie Sie das erwarten. Zeigen Sie Verständnis, bleiben Sie ruhig, versuchen Sie, es abzulenken.

- Bedürfnisse nach Ausübung von Macht dürfen in Rollenspielen ausgelebt werden. Schlüpfen Sie als Elternteil in die Kinderrolle und Sie werden überrascht sein, wie gut Ihr Kind Sie nachahmt.

- Kinder unter fünf Jahren können schlecht stillsitzen oder warten. Nehmen Sie Ihr Kind nur dorthin mit, wo es sich bewegen darf. Stecken Sie Socken ein, dann darf Ihr Kind auch auf die Sitzbank im Zug steigen. Oder gehen Sie in ein Gartenlokal mit Spielplatz oder in ein Restaurant mit eigenem Spielzimmer. Gut geeignet sind auch ein Natur- oder Technikmuseum, wo Kinder viel ausprobieren dürfen. Bei einer längeren Autofahrt legen Sie öfter Pausen abseits der Autobahn in der Natur ein. Mit einem Fußball oder Springseil können Ihre Kinder sich austoben. Im Stau können Sie Suchspiele machen wie „Ich sehe was, was du nicht siehst", Reime selbst dichten, Lieder singen oder Hörspiele anbieten.

- Beim Großeinkauf darf Ihr Kind seinen eigenen kleinen Wagen schieben und drei Sachen selbst einkaufen. Und es wird der Mama bereitwillig helfen, die Sachen zu finden. „Wer entdeckt als erstes die Nudeln?"

- Ist Ihr Kind gerade „unausstehlich", handelt es sich meistens um Bedürfniskonflikte. Versuchen Sie immer wieder im Voraus, also am Anfang (A), etwas zu verändern, bevor es zu einer Konfliktsituation kommt. Passiert es trotzdem immer wieder, da sich Bedürfniskonflikte nun einmal nicht immer vermeiden lassen, legen Sie ein Verhaltensprotokoll nach dem ABC-Schema an (siehe Seite 45) und reflektieren Ihr eigenes Verhalten und das des Kindes. Welche Motive könnte Ihr Kind für sein unerwünschtes Verhalten haben? Wie sind gerade Ihre Erwartungen, welche Bedürfnisse haben Sie zu diesem Zeitpunkt?

- Niemand kann sich immer beherrschen. Sie sind auch nur ein Mensch! Wenn Sie ausrasten und Ihr Kind anschreien oder grob anpacken, dürfen Sie sich später auch dafür entschuldigen. Erklären Sie dem Kind, welches Verhalten Sie gerade so wütend gemacht hat, sagen Sie nicht, dass Ihr Kind als Person Sie ärgert. „Du Satansbraten" ist tabu!

- Bekommt ein Kind viel Liebe und Zärtlichkeit, sind seine Wünsche nicht grenzenlos und es muss auch nicht provozieren, um Aufmerksamkeit zu bekommen. Aufmerksamkeit über erwünschtes Verhalten bekommt es ja. Ist die Seele satt, kann das Kind zufrieden spielen, essen, schlafen und wachsen.

- Lassen Sie Ihr Kind ausprobieren, „alleine machen". Trauen Sie ihm immer mehr zu, damit es selbstständig und sozial kompetent werden kann.

- Ab fünf Jahren können Kinder Entscheidungen treffen. Bieten Sie ihm Wahlmöglichkeiten an, die es nachvollziehen kann. „Von deinem Geburtstagsgutschein kannst du dir drei kleine Teile kaufen oder du sparst bis zum nächsten Taschengeld, dann kannst du dieses große Teil kaufen." So lernt das Kind den Wert des Geldes kennen und es lernt abzuwarten. Ein kleines Taschengeld, wöchentlich ausbezahlt, sollte um das fünfte Lebensjahr eingeführt werden.

- Lassen Sie Ihr Kind mit vielen verschiedenen Kindern spielen. So lernt es Toleranz.
- Lehren Sie es, die ältere Generation, seine Erzieher und seine Eltern zu respektieren. Auch wenn Sie nicht mehr mit dem anderen Elternteil zusammenleben.
- Zeigen Sie Mitgefühl für andere, und Ihr Kind wird es ebenso tun.
- Sie sind das Vorbild für Ihr Kind!

**REGELN GELTEN FÜR ALLE**

Bedürfniskonflikte lassen sich nicht immer vermeiden, aber man kann sie einschränken, wenn alle Familienmitglieder eine Tagesstruktur einhalten, Regeln aufstellen und sich daran halten und sich die Zeit nehmen, um sich ungeteilte Aufmerksamkeit zu schenken.

## Emotionale Konflikte

### Mein Kind ist ein Wüterich

Kindliche Wutausbrüche kommen bei Kleinkindern häufig vor, da sie ihre Impulse noch nicht steuern können. Aufforderungskonflikte oder Bedürfniskonflikte gehören zum Alltag eines Kindes, es fällt ihm noch schwer, seine Befindlichkeit verbal auszudrücken und somit wird erst mal „Dampf" abgelassen. In meinem Erziehungsratgeber „Das Trotzkopfalter" erkläre ich, wie wichtig es ist zu unterscheiden zwischen Frustration bzw. Wut und bewusst eingesetzter Aggression bzw. Provokation. Frustration oder Wut überfällt ein Kleinkind, es bekommt einen Rappel und schlägt um sich. Dagegen können kindliche Aggressionen oder Provokationen durchaus schon zielgerichtet eingesetzt werden, um sich durchzusetzen. Die Aufgabe der Eltern und später der Erzieher im Kindergarten ist es, Kindern zu helfen, ihre Gefühle sozial angemessen auszuleben.

**Kleinkinder reagieren Spannung mit Wut ab**

Ab dem dritten Lebensjahr kann das Kind seine Wünsche äußern, es fällt ihm aber immer noch schwer sich zu „beherrschen". Ein temperamentvolles Kind wird schneller laut seine Wut zeigen als ein ruhiges Kind. Jungs zwischen drei und vier Jahren haben einen großen Bewegungsdrang, hauen schneller zu und reagieren gereizter und lauter als Mädchen. Auch werden Kinder schneller wütend, wenn sie überfordert, müde oder hungrig sind. Da spielen biochemische Prozesse eine große Rolle, also Stresshormone. Darüber hinaus tragen Testosterone zum unterschiedlichen Wutverhalten zwischen Jungen und Mädchen bei und nicht zuletzt die Art und Weise, wie die Erwachsenen auf das wütende Verhalten reagieren.

Bekommt Ihr wütendes Kind negative Zuwendung, wird sein Verhalten verstärkt und es wird noch frustrierter und wütender. Es gerät in emotionalen Stress. Wut ist eine emotionale Erregung, die körperliche Spannung aufbaut. Mit Schreien, Hauen, Treten wird die Spannung wieder abgebaut. Das sind aber sozial unerwünschte Reaktionen.

> Ein Wutausbruch Ihres Kindes hat nichts mit bewusster Provokation zu tun.

Wenn Sie in dieser Situation auf Ihr Kind einreden, wird es nichts verstehen, sein Denken und Hören ist durch die starken Emotionen blockiert. Helfen Sie Ihrem Kind wieder ruhig zu werden, dazu dürfen Sie auch eine schlagende Hand stoppen.

**Deeskalationsstrategien**

Bleiben Sie ruhig, atmen Sie tief durch, zählen Sie innerlich bis zehn, dann kann auch Ihr Kind sich beruhigen und Spannung abbauen.

Wenn Ihr Kind zu erregt ist, braucht es eine Pause, am besten lenken Sie es ab. In den pädagogischen Einrichtungen wird dafür gerne der stille Stuhl verwendet, als Auszeit, um sich abzuregen. Dabei dürfen Sie das Kind aber nicht alleine lassen, sonst wird es den stillen Stuhl als Strafe erleben – mit weiteren negativen Folgen.

Oder Sie lassen das Kind einen Moment toben. Ein um sich schlagendes Kind mit Gewalt wegzuzerren hat wenig Zweck und wird nur noch mehr Geschrei hervorrufen. Es soll die Gelegenheit bekommen, seine Wut zumindest für einen Moment rauszulassen. Gehen Sie aus der Reichweite des Kindes und warten Sie ab, bis es sich beruhigt hat. Bleiben Sie aber auf jeden Fall in Sichtweite

Wenn es sich beruhigt hat, können Sie mit Ihrem Kind reden. Zeigen Sie Verständnis für seinen Wutausbruch, indem Sie seine Gefühle in Worte fassen: „Du bist jetzt so wütend, weil dein Bruder dich weggeschubst hat", „... weil du müde bist und dir das kochen nicht schnell genug geht", „... weil du enttäuscht bist, dass die anderen dich nicht mitspielen lassen".

Erklären Sie Ihrem Kind dann, möglichst in ruhigem Ton, was Sie von ihm erwarten: „Ich möchte nicht, dass du nach mir trittst, weil das Essen nicht schnell genug fertig ist." „Sag deinem Bruder, dass du nicht geschubst werden möchtest." „Frag die anderen Kinder, warum sie dich nicht mitspielen lassen."

> Wenn es sich beruhigt hat, können Sie mit Ihrem Kind darüber reden, wie es zukünftig reagieren soll.

Achtung: Werden Sie selbst auch wütend, können Sie Ihrem Kind nicht helfen, erwünschtes Verhalten zu zeigen.

Die Wutspirale wird sich nach oben schrauben. Sie sind damit ein ungünstiges Modell für Konfliktlösung.

### Mögliche Gründe für kindliche Aggression

Wut und Frustration kann in Aggression umschlagen. Wenn kindliche Aggressionen zu häufig auftreten und destruktiv werden, hat ein Kind noch keine Frustrationstoleranz aufbauen können. Aggressive Kinder haben scheinbar Macht, weil sie das soziale Leben immer wieder stören, dahinter verbergen sich aber unsichere, unglückliche Kinder.

Jede kindliche Aggression hat einen Grund, der jedoch in der Situation oft nicht erkennbar ist. Ein destruktives Kind, das ständig auffällt und aneckt, bekommt viel negative Zuwendung. Damit wird sein unerwünschtes Verhalten verstärkt, es ist noch frustrierter und sein Verhalten wird immer unerträglicher werden, bis härtere Sanktionen erfolgen. Damit befinden Sie sich im Teufelskreis der Strafe.

Es gibt viele Auslöser für aggressives Verhalten, je nach Alter des Kindes und seiner persönlichen Situation. Um herauszufinden, welche Ursachen ein immer wiederkehrendes aggressives Verhalten Ihres Kindes hat, können Sie mit den W-Fragen arbeiten: Wann? Wo? Wie oft? Warum? Häufig ist der Auslöser im innerfamiliären Bereich zu finden, zum Beispiel:

- Viele negative Zuwendungen und Einschränkungen in der Erziehung
- Zu viele Verbote („Nein!")
- Hoher Erwartungsdruck von Seiten der Eltern
- Viel Streit oder Trennung der Eltern
- Eine Patchwork-Familie
- Geburt eines Geschwisterkindes
- Zu frühe Trennung von der Mutter (Kita)
- Überforderung im Kindergarten durch zu viele Kinder
- Sich selbst nicht mögen als Mädchen oder Junge (sich selbst wehtun)

### Ziele kindlicher Aggressionen

Verhält sich ein Kind aggressiv, verfolgt es damit in der Regel ein ganz bestimmtes Ziel.

**Bedürfnisse erfüllen** Deshalb nimmt es dem anderen Kind etwas weg, schubst ein Kind aus dem Weg, setzt sein Spiel durch, will nicht hören.

**Die eigene Macht ausloten** Es testet seine Grenzen aus. Wer ist der Stärkere, wie weit kann ich gehen? Wer hat das letzte Wort? Sieg oder Niederlage?

**Auf sich aufmerksam machen** Bei Kindern bis drei Jahren handelt es sich häufig um spielerische Aggressionen, sie möchten damit auf sich aufmerksam machen, Kontakt aufnehmen oder im Mittelpunkt stehen. Dazu gehören Verhaltensweisen wie zupfen, schubsen, zwicken, an den Haaren ziehen, nachahmen, verspotten, auslachen, schreien, aus Wut weinen etc.

**Sich den Erwachsenen widersetzen** Nichts mehr sagen und Blickkontakt vermeiden (passiver Widerstand). Ständig „Nein" sagen, auch bei Dingen, die das Kind eigentlich mag, sich auf den Boden werfen und um sich schlagen, die Ohren zuhalten.

## AGGRESSIONEN MIT RUHE UND KONSEQUENZ BEGEGNEN

Wut, Frustration und Aggression sind angeborene Emotionen. Jedes aggressive Verhalten wird durch diese Emotionen ausgelöst und hat immer eine Ursache. Es ist ein gesunder Lebenstrieb, der grundsätzlich nicht schädigen möchte.

Destruktive Aggressionen werden durch Angst, Unsicherheit und Frustration ausgelöst, das Kind steht unter Dauerstress und benötigt Hilfe. Von dem Verhalten der Eltern hängt es ab, ob destruktive Verhaltensweisen wieder verlernt werden können. Wichtig ist es, die Ursachen zu erkennen.

Ein aggressives Kind ist ein gestresstes Kind. Es zu strafen oder zu ignorieren, erhöht seinen Stress und wird zu noch mehr aggressivem Verhalten führen und seinen Selbstwert schädigen.

Reagieren die Eltern ruhig und konsequent auf das aggressive Verhalten und zeigen dabei viel Verständnis und Mitgefühl, können sie dem Kind helfen, mit Stress besser umzugehen. Es kann Frustrationstoleranz entwickeln, lernt seine Wünsche und Gefühle zu verbalisieren und kann seine Aggressionen selbst regulieren.

## Angsthase und Heulsuse

Angst ist eine angeborene Emotion und soll vor Gefahren schützen. Schon Babys reagieren auf Unbekanntes ängstlich, sie suchen Schutz bei Mama. Neugierde und Forscherdrang helfen ihm Neues auszuprobieren, natürliche Grenzen oder Regeln schützen das heranwachsende Kind. Wird es von seinen Eltern ermutigt auszuprobieren, kann es immer mehr neue Erfahrungen sammeln und immer besser einschätzen, was es sich zutrauen kann und wo es Hilfe braucht. Es wird sich immer mehr lösen und selbstsicherer werde.

Dinge, die es nicht einschätzen kann, machen ihm erst einmal Angst. Angst vor Dunkelheit, Angst vor Gewitter, Angst vor dem Alleinsein, Angst, verlassen zu werden, Angst vor fremden Personen oder Tieren. Eine sichere Bindung zu seinen Eltern, vor allem zur Mama, denn diese hat es im ersten Lebensjahr getragen und genährt, hilft ihm Sicherheit aufzubauen und sich immer mehr zu lösen. Ab dem dritten Lebensjahr kommen neue Ängste durch seine erweiterte Hirnreifung hinzu, wie Angst vor Gespenstern, Angst vor Krankheit und Tod (Mama darf niemals sterben). Diese Ängste sind bis zum Grundschulalter normal.

### Ängstlich oder mutig? Die Eltern sind das Vorbild

Eltern sind ein wichtiges Modell, an denen das Kind lernt, wie es mit diesen angeborenen Ängsten umgehen kann. Das Vorbild seiner Eltern hat Einfluss darauf, wie es sich verhalten wird, mutig oder hilflos. Altersgemäß wird es von seinen Eltern ermutigt, sich auszuprobieren (positive Verstärkung) und lernt, Grenzen einzuhalten, damit es sich nicht gefährdet. Wenn es Angst hat, wird es ernst genommen und getröstet und wenn es sich beruhigt hat und sich wieder sicher fühlt, wird ihm Mama oder Papa erklären, warum es ängstlich reagiert hat und was es ausprobieren kann. „Hilf mir zu verstehen, hilf mir es auszuprobieren."

Kinder setzen Sätze wie „Mama, ich hab Angst" ein, um nicht alleine im Bett bleiben zu müssen oder wenn sie etwas Neues ausprobieren sollen. Geschulte Eltern erkennen das sofort als Falle und werden diese Angst nicht verstärken. Sie behalten ihr Ziel im Auge – alleine im Bett schlafen – und werden ihr Kind dafür verstärken. Da heißt es auch, die eigenen Ängste zuzulassen und sie zu reflektieren. Das Kind ist eine eigene Persönlichkeit und sollte die Chance bekommen, ermutigt zu werden. Nur so kann ein Kind später mit realen Gefahren umgehen, es kann lernen, wie es sich gut einschätzen und selbstbewusst handeln kann. Wenn das Kind von Natur aus vorsichtig ist, sollte es niemals gezwungen werden. Es darf in seinem Tempo lernen.

Eine überbesorgte Mutter, die ihr Kind durch ihre eigene Ängstlichkeit schon im ersten Lebensjahr sehr einschränkt, wird ein ängstliches Kind heranziehen. Es kann ja noch nicht einschätzen, ob die Angst der Mutter real oder übertrieben ist. Da Mama das Kind aber ständig schützt, es sofort auf den Arm nimmt, wenn ein Hund gelaufen kommt, erschrocken zuckt, wenn es laute Geräusche gibt, jede Träne des Kindes beim Kinderarzt sofort mit einem Gummibärchen tröstet und Mama nachts immer mit dem Kind schläft, damit es beim Aufwachen sofort beruhigt werden kann, dann muss diese Welt da draußen sehr gefährlich sein. Ohne Mama geht da gar nichts, denn selbst am Spielplatz passt sie

> Eine überbesorgte Mutter wird ein ängstliches Kind heranziehen.

gut auf und sagt ständig: „Pass auf!", „Sei vorsichtig!", „Fass das nicht an!", „Geh nicht zu dem bösen Mädchen dort!", „Jungs sind so grob, spiel mit mir!", „Steig ohne mich nicht auf die Rutsche, du könntest runterfallen."

Diese Mutter erzieht ihr Kind unabsichtlich zu einem ängstlichen Kind. Eigentlich kann die Mutter nicht loslassen, das wiederum hat häufig mit ihrer eigenen Kindheit zu tun.

Ihr Kind wird sich später weigern, alleine in einer Kindergruppe zu bleiben und sich an die Mama klammern, wenn diese den Raum verlassen möchte. Ihr Kind weinen zu sehen, bricht ihr das Herz, und sie wird es aus der Gruppe wieder abmelden. Mit vier Jahren fällt es ihm täglich schwer, in den Kindergarten zu gehen, Trennungsschmerz und Tränen lösen bei der Mutter ein schlechtes Gewissen aus und sie wird ihr Kind beim Abholen sofort mit einem kleinen Geschenk belohnen. In der Gruppe will sich das ängstliche Kind nicht eingliedern und klammert bei der „Ersatzmama". Sobald es etwas mit den anderen Kinder machen soll, heult es los und wird von den Kindern als Angsthase und Heulsuse verspottet ... Es fühlt sich ausgeschlossen und mag nicht mehr in den Kindergarten gehen.

Was ist da schief gelaufen? Sie ahnen es schon. Jedes Mal, wenn das Kind ängstliches Verhalten zeigt, wird es verstärkt. Für die Mutter ist nicht das mutige Forscherverhalten eines Kleinkindes erwünscht, sondern das vorsichtige, schutzsuchende Verhalten. Jetzt wird die Mutter verstärkt, weil sich ihre Angst wieder abbauen kann, wenn das Kind immer schön bei ihr bleibt und Schutz sucht. Dieses wechselseitige Lernen verstärkt wiederum die Angst des Kindes. Spätestens zum Schuleintritt wird es bei der Eignungsuntersuchung als „sozial ängstliches, verhaltensgehemmtes Kind" eingestuft werden.

**Tipps**

- Ermutigen Sie Ihr Kind, wenn es ängstlich reagiert. „Trau dich, probiere es aus, du schaffst es!"
- Lesen Sie ihm Geschichten vor. Märchen mögen grausam sein, aber meistens siegt der Edle oder Mutige. Kinder lieben Gruselgeschichten und identifizieren sich mit dem Helden.
- Phantasiefiguren helfen bei Angst im Dunklen: Ein Schutzengel, ein Ritter der Nacht oder die Spraydose mit dem „Monsterschreck". So lernt Ihr Kind, seine Angst selbstbestimmt zu bewältigen.

**Das Kind mit seinen Ängsten ernst nehmen**

Sprechen Sie an, wovor Ihr Kind Angst hat. Seine Gefühle sind richtig. Aussagen wie „Du brauchst keine Angst zu haben" helfen nicht. Lachen Sie es auf keinen Fall aus, das macht es klein und beschämt es.

Angst vor Krankheiten, Angst vorm Sterben, Angst vor Naturgewalten, Angst vor Veränderungen – Ihr Kind hat ein Recht auf eine Antwort oder Erklärung, aber bitte kindgerecht, denn ein Kind denkt noch nicht in die Zukunft. Es will hören und erleben, dass seine Eltern ihm

Schutz geben. Dennoch können Sie nicht verhindern, dass der Hamster gestorben ist, die Oma im Krankenhaus liegt und der Papa der Freundin ausgezogen ist. Sprechen Sie mit ihm über diese Dinge in möglichst einfachen Worten. Komplizierte Erklärungen kann es noch nicht verstehen.

Achten Sie darauf, dass Sie Ihrem Kind auch positive Beispiele dazu erzählen, wie man Angst überwinden und Verluste aushalten kann. Kinder können Probleme wie Finanzkrise, Umweltschäden und Super-Gau noch nicht begreifen, erleben aber die besorgten Gesichter und Stimmen der Erwachsenen.

Wenn Sie eine Partnerkrise haben, wird das schmerzliche Verlustängste beim Kind auslösen. Manche Kinder meinen sogar, sie seien schuld daran, dass Papa und Mama so viel streiten. Erklären Sie Ihrem Kind, dass sich Papa und Mama gerade nicht so gut verstehen, aber Mama und Papa lieben weiterhin ihr Kind. Bitte erzählen Sie ihm nicht den Grund für die Konflikte. Es braucht jetzt erst einmal Sicherheit, dass es seine Eltern nicht verliert.

## Mein Kind lässt sich alles gefallen

Als Kind kann man es den Eltern einfach nicht recht machen. Ist es zu wild, tobt und rauft es gerne, ist es anstrengend für die Eltern. Hängt es nur am Rockzipfel der Mama, soll es doch bitte selbstständig und mutig werden. Ist es vorlaut und ein Plappermäulchen, soll es endlich still sein. Ist es ruhig und abwartend und muss zu allem überredet werden, ist es schüchtern und soll sich mehr trauen. Und wenn es sich nicht wehrt und sich alles gefallen lässt, passt es den Eltern auch nicht. Es soll weder zu sehr auffallen, noch ein Außenseiter werden.

Ein Kind, das in einer fürsorglichen Familie aufwächst, fühlt sich sicher und es fällt nicht auf, dass es sich nicht wehrt. Gerade Einzelkinder, die viel mit Erwachsenen zu tun haben, wirken schon früh sehr vernünftig und angepasst.

Bekommen die Eltern dann nach der Eingewöhnungszeit im Kindergarten als Rückmeldung von der Erzieherin, dass ihr Kind oft abseits stehe, sich alles gefallen lasse und den Mund nicht aufbekomme, fallen sie aus allen Wolken. Was ist los mit ihrem Kind? Was fehlt ihm? Hat es die eigene Schüchternheit geerbt? Vielleicht kommen Erinnerungen hoch an das Gefühl von Einsamkeit. Man fühlte sich selbst als Kind ausgeschlossen, nicht geliebt oder nicht dazugehörig – ob man Geschwister hatte oder nicht. In der Schule wurde man gehänselt und stand im Abseits. Wiederholen sich da Verhaltensmuster? Das eigene Kind sollte doch mutig und kontaktfreudig werden.

### Eine längere Anpassungsphase oder Einzelgänger?

Kinder sind unterschiedlich in ihrem Temperament. Da gibt es sicher vererbte Anlagen, aber vor allem findet soziales Lernen in der Familie statt, über Beobachten und Verhaltenssteuerung. Manche Kinder, die mit ungefähr drei Jahren in einen Kindergarten kommen, haben schon zwei Jahre Erfahrungen mit einer Gruppe in einer Kita gemacht oder sie haben Geschwisterkinder. Andere sind Einzelkinder und waren bisher nur einmal in der Woche beim Kinderturnen oder in einer Spielgruppe. Doch wenn sie in der neuen Einrichtung niemanden kennen, verbringen die meisten Kinder die ersten Wochen lieber beobachtend und abwartend.

Gerade ruhige Kinder und Einzelkinder können eine längere Anpassungs- und Orientierungsphase benötigen. Erfahrene Erzieherinnen kennen diese Schwierigkeiten und versuchen, zurückhaltende Kinder besonders zu motivieren, einzubinden, erst einmal über kleine Einzelaufgaben, die ohne Kontaktaufnahme zu anderen Kindern ausgeführt werden können. Diese „Schonzeit" wird individuell und ohne Zeitdruck gewährt. Durch Beobachten und Nachahmen, durch viel positive Hilfestellung und positive Verstärkung wird auch das schüchternste Kind „auftauen" und sich in die Kleingruppe eingliedern, da letztlich die kindliche Neugierde und das Grundbedürfnis nach Zusammengehörigkeit und Anerkennung siegen wird.

Bleibt Ihr Kind trotz Eingliederung ein Einzelgänger, dann sollten Sie das akzeptieren, wenn sich Ihr Kind dabei wohlfühlt. Es gibt Kinder und später Erwachsene, die sich gut alleine beschäftigen können und sich alleine wohlfühlen und andere, die nicht alleine sein wollen und immer eine Gruppe brauchen. Macht Ihr Kind aber einen unglücklichen Eindruck und würde gerne dazugehören – „Keiner mag mich, die sind alle so doof zu mir" –, dann sollten die Eltern zusammen mit den Erziehern ein Konzept erstellen, wie man diesem Kind helfen kann. In manchen Fällen kann es auch sinnvoll sein, eine Erziehungsberatung hinzuzuziehen.

### Warum ist das Kind so zurückhaltend?

Um herauszufinden, was los ist, fragen Sie sich als erstes selbst: Wie war ich als Kind, was hat mir gefehlt, was hat mir geholfen? Wie sieht heute das Leben unserer Familie aus? Haben wir ein offenes Haus mit viel Freunden oder leben wir eher isoliert? Oder gibt es familiäre Situationen, die das Kind belasten, wie Krankheit, Arbeitsplatzverlust, Streit, Trennung, Umzug, Geburt eines Geschwisterkindes? Ist Ihr Kind möglicherweise überfordert?

Fragen Sie Ihr Kind, was es sich wünscht: Wie möchte es sich gerne verhalten? Wie sollen sich die anderen Kinder verhalten?

Hindert eine zu große Ängstlichkeit Ihr Kind, seine Neugierde auszuleben? (Siehe hierzu auch das Kapitel „Angsthase und Heulsuse" auf Seite 119.) Dann sollten Sie vielleicht professionelle Hilfe holen, da man hier als Eltern manchmal hilflos ist. Ein ängstliches Kind mit einem geringen Selbstvertrauen kann nicht auf andere zugehen und spielen, weil es Angst hat zu versagen, ausgelacht zu werden. Da bleibt es lieber passiv.

Erstellen Sie dazu ein Verhaltensprotokoll nach dem ABC-Schema und anhand der vier W-Fragen (siehe Seite 45 und Seite 43). Dies wird Ihre Beobachtung schärfen.

**Tipps**

- Vermeiden Sie, Ihr Kind in eine Rolle zu drängen, die es nicht erfüllen kann. Wenn es nicht der Draufgängertyp ist oder weil es noch überfordert ist, darf es zurückhaltend sein.
- Machen Sie Ihr Kind nicht klein und beschämen Sie es nicht.
- Wenn Ihr Kind unsicher ist oder ein geringes Selbstwertgefühl hat, braucht es Ihre Hilfe. Verstärken Sie es, indem Sie ihm die Bestätigung geben, dass nicht alle gleich sein können.
- Geben Sie Ihrem Kind Zeit, sich in eine Gruppe einzugewöhnen. Vielleicht hat es den Mut, ein Kind einzuladen? Bestärken Sie es darin.
- Mag Ihr Kind vielleicht ein Instrument lernen? Oder macht es gerne Sport, sodass Sie es in einem Verein anmelden können? In jedem Ort gibt es zahlreiche Angebote. Vielleicht finden Sie auch eine nette Spiel-

gruppe, dort kann es im Rollenspiel lernen, sich zu wehren oder Kontakt aufzunehmen.

## Hilfe, mein Kind ist so eifersüchtig

Benjamin, drei Jahre alt, hat seine Mama „ganz doll lieb". Er war heiß ersehnt und genießt es, im Mittelpunkt zu stehen. Im Elternbett darf er in der Mitte liegen und bekommt von Mama und Papa abwechselnd Küsschen.

Nun wird der Bauch von Mama immer dicker. Benjamin weiß, dass ein Baby kommt und fragt immer wieder danach. Mama hat Bilderbücher gekauft, darin kann er sehen, was ein Baby so alles braucht. Er legt seinen Kopf auf Mamas Bauch und streichelt sein „Murmelchen", wie er die zukünftige Schwester nennt. Ein Familienidyll, in dem Benjamin noch der Kronprinz ist. „Mama, du darfst andere Kinder nicht trösten oder ihnen helfen. Das mag ich nicht." Er will seine Mama ganz für sich alleine. Die Mutter macht sich viele Gedanken, wie ihr Sohn reagieren wird, wenn er durch die Geburt seiner Schwester entthront wird

### Eifersucht ist gesund

Die Liebe der Eltern mit einem anderen zu teilen ist für ein Erstgeborenes immer schwierig. Geschwisterrivalität ist somit normal und unausweichlich, selbst bei der besten Vorbereitung. Sie kann sogar ein Leben lang andauern.

Die Rivalität und die emotionalen Reaktionen sind nicht zu verhindern. Eltern erwarten von ihrem Erstgeborenen, es soll das Baby lieben und knuddeln und Rücksicht nehmen. Das Kind bekommt immer wieder bestätigt, wie lieb die Eltern es doch haben, aber jetzt muss es vernünftig sein, denn das Baby ist ja noch so hilflos und braucht die Mama.

Das Kleinkind und Vorschulkind ist aber noch nicht vernünftig! Es küsst zwar sein neues Geschwisterchen und beobachtet es neugierig, doch wenn das Stillen und Wickeln zu lange dauert, braucht es ganz dringend und sofort die Mama. Sagt diese: „Ich kann gerade nicht zu dir kommen, weil das Baby mich braucht" oder: „Das kannst du doch alleine, du bist doch schon so groß", wird der große Bruder plötzlich ganz klein und verhält sich wie ein Baby. Im nächsten Moment wird er zornig und schreit: „Tu das Baby wieder weg, das ist so hässlich!"

Die Erstgeborenen lieben Mama und Papa und sind wütend, weil diese ihnen einfach ein anderes Kind vor die Nase gesetzt haben, mit vielen Verlockungen, wie: „Dann hast du einen Spielkameraden, dann bekommst du ein neues Bett". – Da liegen sie dann alleine und das Baby ist bei Mama im Bett. Die Enttäuschung ist groß, wenn dieser kleine Wurm nur spuckt, schreit, auf Mamas Bauch liegt und nicht mit der großen Schwester spielt. Wenn sie das Baby mit Spielsachen locken will, dann schreit Mama:

„Pass doch auf, du tust ihm weh. Das Baby ist noch zu klein zum Spielen."

Mama ist so anders geworden, da tut die Große alles, was das Baby auch tut – unselbstständig sein, wieder einnässen, Daumen lutschen, Milchflasche haben wollen, nicht mehr in den Kindergarten gehen –, dann kümmert sich Mama wieder um sie.

> Je jünger ein Kind ist, desto größer ist die Eifersucht.

Dummerweise findet Mama das nicht so toll, denn ihre große Tochter zeigt jetzt unerwünschte Verhaltensweisen. Sie bekommt negative Zuwendung, das Baby wird getröstet. Das ist für das ältere Kind unverständlich und die Sehnsucht nach Liebe und danach, wieder im Mittelpunkt zu stehen, wächst.

Das nennt man dann Eifersucht, in der Entwicklungspsychologie heißt es Regression. Das ist sehr anstrengend für die Eltern, aber ganz normal! In seinen wechselnden Gefühlszuständen braucht das ältere Kind jetzt besonders das Verständnis der Eltern, die ihm helfen, sich an die veränderte Familiensituation anzupassen. Das braucht Zeit und je jünger ein Kind ist, desto heftiger wird es reagieren, da es seine Emotionen noch nicht selbst steuern kann. Zwei Wickelkinder sind größere Rivalen, denn sie müssen sich eine Kleinkindmutter teilen. Ein Kindergartenkind zeigt schon genügend Selbstständigkeit, hilft gerne mit und genießt es, ein paar Stunden in seiner Gruppe zu sein, wo es viel spannender ist als mit dem Baby, denn dort kann es mit Gleichaltrigen spielen. Fünf- bis sechsjährige Kinder versorgen oft schon ihre kleinen Geschwister und sind stolz auf sie. Sie sind keine Konkurrenten mehr, da Mama oder Papa mit dem größeren Kind ganz andere Dinge machen. Umgekehrt sind die Kleineren begeistert, was der ältere Bruder oder die ältere Schwester alles mit ihm macht. Mehrere Kinder erziehen sich somit gegenseitig. Ein Nachzügler, ein „Nesthäkchen" hat wieder Privilegien wie ein Erstgeborenes, da können durchaus auch schon Schulkinder oder Pubertierende wieder eifersüchtig reagieren.

**Strategien für den Umgang mit dem eifersüchtigen Kind**

Stellen Sie sich vor, Ihr Partner würde eine neue Geliebte, einen Geliebten mit nach Hause bringen und sagen: „Schatz, ab jetzt gehört sie/er zu uns, ich mach genau das, was ich mit dir früher gemacht habe. Ich liebe euch beide, aber sie/er ist noch so neu und braucht mich jetzt ganz, sie/er versteht die Sprache noch nicht, das kannst du doch verstehen. Hier hast du dein neues Zimmer, du bist doch jetzt vernünftig." Dann würden Sie doch auch eifersüchtig reagieren, oder nicht?

Haben Sie Geschwister? Erinnern Sie sich daran, wie es für Sie war, entthront zu werden? Versuchen Sie mit viel

Verständnis auf die Gefühle Ihres Kindes einzugehen. „Du bist jetzt wütend, weil ich keine Zeit für dich habe, das verstehe ich. Komm mit, hilf mir das Baby zu wickeln, dann können wir schneller danach zusammen ein Buch anschauen."

Eifersucht ist keine Krankheit. Sie entsteht, sobald der kindliche Egoismus mit dem Anspruch, Mama ganz alleine für sich haben zu wollen, sich in ein Miteinander verwandeln soll. Eifersucht kann immer wieder auftreten, da die Bedürfnisse der Geschwisterkinder altersgemäß unterschiedlich sind und Geschwister immer Konkurrenten um die Liebe der Eltern bleiben.

> Eifersucht an sich ist kein unerwünschtes Verhalten, sondern Verhaltensweisen wie treten, zwicken, schlagen.

Schimpfen Sie Ihr Kind nicht aus, wenn es unerwünscht reagiert, dann bekommt es noch mehr Angst, dass Sie es nicht mehr lieb haben. Eifersucht ist niemals ein unerwünschtes Verhalten, sondern die einzelnen Verhaltensweisen, wie schreien, treten, zwicken, schlagen. – Zweitgeborene sind übrigens viel abgehärteter, sie müssen von Anfang an die Liebe und Fürsorge teilen.

Sollte Ihr Kind das Baby schlagen, dann halten Sie seine Hand fest. Sagen Sie mit ruhiger Stimme (sehr schwer für eine erschrockene Mutter): „Nicht das Baby schlagen, es kann sich nicht wehren. Komm her zu mir, ich verstehe, dass du wütend bist, weil ich gerade nicht mit dir spielen kann. Was kann ich tun, dass es dir besser geht? Magst du mir helfen oder später mit mir einkaufen gehen?" Wichtig ist ein sofortiger Stopp des unerwünschten Verhaltens „schlagen", keine Zuwendung auf „schlagen oder eifersüchtig sein" geben, sondern Verständnis für die Gefühle des Kindes zeigen und das Kind mit einbeziehen über eine Hilfestellung oder Wahlmöglichkeit. Das Grundbedürfnis nach Aufmerksamkeit wird somit erfüllt und es kann sich erwünscht verhalten.

**Tipps**

- Bereiten Sie Ihr Erstgeborenes auf die Ankunft eines Geschwisterchens vor. Zeigen Sie Fotos von ihm, als es ein Baby war. Erzählen Sie ihm, wie es getröstet wurde, was es besonders mochte und dass es manchmal für Sie als Mama anstrengend war, all seine Bedürfnisse zu erfüllen.

- Machen Sie mit Ihrem Kind vor der Geburt nicht „besondere" Dinge. Es würde nur noch schwieriger werden, wenn diese Privilegien entfallen. Beziehen Sie es in die Besorgungen für das Baby mit ein.

- Helfen Sie Ihrem Kind, noch selbstständiger zu werden. Machen Sie ihm das eigene Bett vertraut, finden Sie eine Kindergruppe, wo es gern hingeht. Besuchen Sie andere Familien mit einem Baby, da kann es schon beobachten, wie sich ein Baby verhält.

- Wenn das Baby nach Hause kommt, beziehen Sie Ihr Kind mit ein. Es darf alles sehen, was Sie mit seinem Geschwisterchen machen, und es darf mithelfen. Trauen Sie es Ihrem Kind zu. Wenn Sie zu ängstlich oder zu vorsichtig sind, interpretiert Ihr Kind das als negative Zuwendung.
- Behalten Sie den Tagesablauf mit Regeln und vertrauten Ritualen bei.
- Schenken Sie Ihrem Kind ein Stofftier oder eine Babypuppe zur Geburt, dann kann es all das nachspielen, was es beobachtet.
- Sagen Sie niemals: „Du bist jetzt unser großes Kind. Wir haben dich genauso lieb wie das Baby, und als du so klein warst, haben wir dich auch so verwöhnt. Du musst jetzt vernünftig sein und die Liebe teilen." Diese Aussagen würden die Eifersucht erst recht nähren.
- Geben Sie jedem Kind die Möglichkeit, Mama oder Papa mal ganz für sich zu haben.

## Wenn zwei sich streiten

Eltern können ein Lied davon singen, wie anstrengend Familienleben sein kann, wenn sich die Geschwister ständig streiten oder ihr Kind andere Kinder zu Hause nicht mitspielen lassen will. Schnell bekommen Kinder gesagt: „Du bist so streitsüchtig, du vergraulst ja alle, immer musst du Streit anfangen." Gute Ratschläge wie: „Misch dich nicht ein, die regeln das schon untereinander" können die wenigsten Eltern einhalten, wenn es im Kinderzimmer kracht und einer wie am Spieß schreit. Dann wird die Tür aufgerissen und gebrüllt: „Was ist hier schon wieder los, könnt ihr nicht mal friedlich spielen? Der Lärm ist ja nicht zum Aushalten!" Dann war immer der andere schuld und die Eltern sind jetzt voll in den Streit verwickelt.

Wenn Sie zum Richter werden, wird immer ein Kind zum Verlierer oder zum Bösen und wird sich zurückgesetzt fühlen, während das andere triumphiert. Eltern sollten aber nicht Partei ergreifen, denn sobald sie das Zimmer verlassen wird von neuem ein Streit ausbrechen.

### Rivalität unter Geschwistern ist normal

Geschwister konkurrieren ständig um die Liebe und Aufmerksamkeit der Eltern, aber auch um die Anerkennung ihrer Leistungen. Geschwister sind ungefähr die Hälfte ihrer Zeit im Clinch. Wer ist der Bessere, der Liebere, der Klügere? Kleine Kinder provozieren sich eher, nehmen sich etwas weg, wollen genau mit demselben Spielzeug spielen, vergleichen sich wie im Wettkampf oder stören sich gegenseitig beim Essen. Bei Kindern ab sechs Jahren geht es vor allem um Macht, Durchsetzungsvermögen und Entscheidungsbefugnis.

Geschwister, ob Junge oder Mädchen, wollen sich messen, Macht ausüben, da geht es nicht immer gerecht zu.

Die kleine Schwester kann den großen Bruder necken, beißen und zwicken. Er wird wütend und brüllt: „Du doofe Kuh!" und schubst sie weg. Sofort schreit sie wie am Spieß, Papa kommt gelaufen, schützt sein kleines Mädchen und schimpft den großen Bruder aus. Jetzt fühlt sich der Junge bestätigt, dass Papa seine Schwester viel lieber hat und wird wütend auf Papa. Da kommt Mama und hilft dem Sohn, denn auch sie denkt, ihr Mann bevorzuge das Mädchen. So kann ein Geschwisterstreit in einen Partnerstreit ausufern. Sofort bilden die Kinder eine Einheit und vertragen sich wieder. Beide haben jetzt Sorge, dass Mama und Papa sich nicht mehr lieb haben. Es kann aber auch sein, dass sie sich freuen, die Eltern in einen Streit verwickelt zu haben, denn jetzt sind sie aus der „Schusslinie".

Geschwisterkämpfe sollten also nicht immer gleich beachtet werden, vor allem dann, wenn sie dazu dienen, die Eltern zu provozieren. Wenn ein Kind petzt und sofort Unterstützung bekommt, lernen Kinder, dass einer immer bevorzugt wird. Das provoziert wieder unerwünschtes Verhalten bei dem Kind, das sich ungerecht behandelt fühlt. Natürlich müssen zwei Streithähne auch mal getrennt werden und eine Auszeit zu Beruhigung verordnet bekommen. Dann aber bitte unparteiisch bleiben und später ein Gespräch anbieten, um den Konflikt zu klären.

Ursache für die häuslichen Streits sind Neid und Eifersucht. Das Kinderzimmer, die Familie ist das beste

Übungsfeld, um zu lernen, auch einmal einzustecken oder sich durchzusetzen. Die Kinder lernen abzuwarten, die Verhaltensweisen der anderen zu tolerieren und nicht alleine zu sein, wenn bei den Erwachsenen dicke Luft ist. Einzelkinder haben es da viel schwerer. Sie haben keinen Konkurrenten und Sparringspartner.

**Tipps**

- Geben Sie jedem Kind gleich viel Aufmerksamkeit.
- Bevorzugen Sie kein Kind aufgrund seines Geschlechts.
- Vergleichen Sie die Kinder nicht miteinander. Jedes hat einen eigenen Charakter, der respektiert werden sollte.
- Jedes Kind findet seine Rolle in der Familie. Das eine macht es den Eltern leicht, dann muss das andere auffallen, um Aufmerksamkeit zu bekommen.
- Stellen Sie klare familiäre Regeln auf. Streit darf und muss sein, aber es gibt auch „Waffen", die verboten sind.
- Trauen Sie Ihren Kindern eigene Konfliktlösungen zu und mischen Sie sich nicht ein.
- Kurze neutrale Trennungen der Streitenden sind sinnvoll, wenn es zu laut oder zu gefährlich wird. Unterbreiten Sie später ein Klärungsangebot.
- Jedes Kind sollte nach seinen Fähigkeiten gefördert werden und ein eigenes Hobby haben.
- Fördern Sie Familienzeit mit angenehmen gemeinsamen Aktivitäten.

# Eltern-Konflikte

Da jede Frau und jeder Mann durch die eigene Ursprungs-familie geprägt worden ist, haben sie auch unterschied-liche Einstellungen zur Erziehung. Diese werden sich bemerkbar machen, sobald das erste Kind geboren ist und in das erziehungsfähige Alter kommt. Bei Eltern-Konflik-ten handelt es sich in der Regel um Bedürfniskonflikte. Das erstgeborene Kind steht jetzt voll im Mittelpunkt, nicht mehr der geliebte und bis dahin einzigartige Partner. Spontane Partnerzeit und Intimität werden empfindlich weniger, das Kind fordert die ganze Kraft und Aufmerk-samkeit.

## Erziehungskonflikte in der Partnerschaft

Wird das Kind größer, gibt es genügend Zielkonflikte. Der eine Elternteil trägt die Erziehungsaufgabe und Betreu-ung der Kinder immer mehr alleine und fühlt sich damit alleine gelassen. Der andere Elternteil macht Karriere oder möchte nicht zurückstecken. Die wenig verbleibende Zeit wird dann den Kindern gewidmet und der Partner hat das Gefühl, zu kurz zu kommen.

Viele Frauen gehen spätestens nach dem zweiten Kind ganz in der Kinderbetreuung auf, und der Mann kommt sich häufig nur noch wie der Erzeuger und Brötchenver-diener vor. Doch auch er hat das Bedürfnis nach Nähe.

Vielleicht ist er nur noch ein gestresster Wochenend-Papa oder holt sich die Zuneigung über Privilegien, indem er zum Beispiel am Sonntag mit den Kindern etwas ganz Tolles macht. Den anstrengenden Erziehungsalltag bekommen viele Väter durch ihre Jobs nicht mehr mit.

Immer mehr Frauen wollen ebenfalls ihre berufliche Karriere verfolgen oder müssen aus finanziellen Gründen spätestens nach drei Jahren Erziehungspause wieder in den Beruf eintreten. Dann verlangen sie von ihrem Partner, dass er sich mehr in die Familie einbringt. Alte Rollenbilder sind zwar heutzutage verpönt und Männer sind zunehmend bereit, Erziehungsurlaub zu nehmen. Das Leben mit Kindern lässt sich aber nicht gerecht aufteilen. Im Kleinkindalter übernimmt nach wie vor meistens die Frau die Erziehungsaufgabe und managt ihre Familie. Dabei fühlt sie sich aber weder vom Partner noch von der Gesellschaft in ihrer Leistung anerkannt. Sind die Rollen vertauscht und der Vater steht am Herd und versorgt die Kinder, bekommt er meist volle Bewunderung.

Sind die Partner mit ihren Rollen unzufrieden und sprechen sie nicht über ihren Frust, dann wird die Beziehung zum Pulverfass. Schwelende Konflikte werden häufig indirekt über die Kinder ausgetragen, indem jeder den anderen in seinem Erziehungsverhalten kritisiert: „Du bist zu streng", „Du bist zu weich, du lässt dir auf der Nase rumtanzen", „Du bist ja wie deine Mutter ... deine Tochter wickelt dich um den Finger", „Du machst deinen Sohn zum Mama-Kind", „Kein Wunder, dass du so autoritär bist, schau doch deinen Vater an." Kinder haben große Ohren und feine Sensoren und reagieren verunsichert auf diese elterlichen Konflikte. Sie ergreifen entweder Partei und kommen damit in einen Loyalitätskonflikt oder sie verlieren den Respekt vor einem Elternteil und werden ihm gegenüber aggressiv. Manche Kinder ziehen sich auch zurück.

### Partnerkonflikte nicht vor den Kindern austragen

Kleinkinder spüren die schlechte Stimmung oder bekommen die verbalen Auseinandersetzungen der Eltern mit. Sie können inhaltlich noch nicht verstehen, worüber die Eltern streiten, spüren aber, dass es mit ihrer Person zusammenhängt. Je kleiner sie sind, desto eher reagieren sie mit Verhaltensauffälligkeiten: Sie ziehen sich zurück, nässen wieder ein, werden weinerlich oder aggressiv gegenüber Mama oder Papa. Ältere Vorschulkinder ergreifen Partei für den einen oder anderen Elternteil. Sie mischen sich ein – „hört auf zu streiten" – oder spielen die Eltern gegenseitig aus: „Papa ist viel lieber, Mama schreit so viel." Kleine Kinder versuchen die weinende Mama zu trösten und sagen „Schick den Papa doch weg, wenn er so böse zu dir ist."

Konflikte gehören zum Familienalltag. Partnerkonflikte sollten aber nicht vor den Kindern ausgetragen werden, da diese sich dann schnell schuldig fühlen. Auch wenn die Wut auf den Partner noch so groß sein sollte, weil Sie sich in Ihrer Erziehungsaufgabe alleine gelassen fühlen oder er sich zu sehr einmischt und Ihre Bemühungen zunichtemacht, sagen Sie bitte niemals zu Ihrem Kind so etwas wie: „Vor deiner Geburt waren wir so glücklich und jetzt streiten wir nur noch wegen dir." Noch schlimmer: „Wenn es dich nicht gäbe, wäre ich schon längst abgehauen!" Solche Aussagen nehmen Kinder wortwörtlich und entwickeln tiefe Schuldgefühle.

**Tipps**

- Achten Sie auf Ihren Partner, Konflikte sind häufig unausgesprochene Bedürfnisse nach Nähe, Intimität und Unterstützung.
- Reden Sie über Ihre Erwartungen an den anderen.
- Reflektieren Sie Ihre unterschiedlichen Erziehungseinstellungen und sprechen Sie darüber. In wichtigen Punkten sollten Sie sich einigen.
- Spüren Sie nach, wie es Ihnen als Kind ergangen ist, wenn sich die Eltern über die Erziehung der Kinder stritten.
- Welche Streitkultur gab es in Ihrer Ursprungsfamilie und wie versöhnten sich Ihre Eltern wieder?
- Es ist unfair, über die Kinder Partnerkonflikte auszutragen und sie als Schiedsrichter zu benutzen.
- Erkennen Sie die Auslöser für vermeidbare Konflikte und beugen Sie vor.

- In allem und jedem steckt etwas Positives und Negatives. Worauf richten Sie in Ihrer Partnerschaft und Familie der Fokus?
- Es lohnt sich, das Gute zu hegen und das Schlechte zu jäten.
- Nehmen Sie unvermeidbare Konflikte als Chance, um daran zu wachsen.
- Seien Sie ein gutes Modell für eine faire Konfliktlösung.

## Krisen in der Partnerschaft

Krisen können sich schleichend entwickeln – man hat sich auseinandergelebt, heißt es dann. Solche Krisen wären vielleicht vorhersehbar gewesen, aber die meisten Krisen überfallen einen der Partner oder die ganze Familie unvermittelt. Krisen können Erwachsene überfordern, Kinder sind ihnen auf keinen Fall gewachsen.

Als Krise bezeichnet man Ereignisse, die Menschen völlig überraschen, aus der Bahn werfen, die das Lebensskript zerstören oder das Vertrauen zum Partner: die Geburt eines behinderten Kindes, der Arbeitsplatzverlust des Ernährers, eine lebensbedrohliche Krankheit, ein Unfall mit Folgen für Leib und Seele oder eine Katastrophe, die Hab und Gut der Familie zerstört. Besonders einschneidend sind der plötzliche Tod eines Familienmitglieds oder eine außereheliche Beziehung des Partners, die zufällig aufgedeckt wird und zur Trennung führt. Darauf sind Menschen in der Regel nicht vorbereitet. Es fehlen die Bewältigungsmechanismen.

Nach dem ersten Schock muss sich jeder neu orientieren. Wenn Kinder ihre Eltern, die ihnen Sicherheit geben, die ihr vertrautes System sind, aus der Fassung gebracht erleben, reagieren sie tief verunsichert. Für solche Fälle gibt es wertvolle Unterstützungssysteme und professionelle Helfer, die Tag und Nacht zur Verfügung stehen und deren Hilfe in Anspruch genommen werden sollte, um die Schäden möglichst gering zu halten.

## Die Eltern trennen sich

Wenn Eltern beschließen, sich zu trennen, oder wenn ein Elternteil in einer Nacht-und-Nebel-Aktion auszieht, bekommen Kleinkinder Angst um ihre Sicherheit, denn jetzt fehlt ja ein Elternteil. Besonders „Alles-oder-Nichts-Trennungen" bedeuten für das Kind, dass es tatsächlich einen Elternteil verliert. In Extremfällen kommt es zu einem jahrelangen Kontaktabbruch, meist aus einer Hilflosigkeit heraus, vermischt mit Scham und Schuldgefühlen oder aus Racheimpulsen: „Wenn mich mein Partner nicht mehr liebt, habe ich auch keine Kinder mehr!" Häufig haben diese Partner selbst Bindungsstörungen, die sie an ihre Kinder weitergeben.

Die Liebe zu einem Partner kann erlöschen, erwachsene Partner sind eigenständige Individuen. Die tiefe Liebe und

Bindung eines Kindes zu Mama und Papa kann man nicht mit der Liebe zu einem Partner vergleichen. Bindung entsteht im ersten Lebensjahr und ist unauslöschlich! Eine Mama oder einen Papa kann man somit nicht austauschen. Selbst wenn neue Teil- oder Stieffamilien entstehen, wird das betroffene Kind genau unterscheiden und sich immer nach dem „verlorenen" Elternteil sehnen. Es bleibt eine Sehnsucht nach der heilen Familie mit Mama und Papa, unabhängig von dem, was zwischen den Erwachsenen passiert ist. Egal, aus welchen Gründen sich die Eltern trennen: In jedem Fall sollten beide Elternteile die Verantwortung für ihre Kinder übernehmen und sich möglichst fair trennen. Vielleicht müssen beide Partner erst ihren Schock überwinden und sie brauchen einige Zeit, bis sie sich einander annähern können, möglicherweise ist einer der Partner so verletzt, dass er sich lange verweigert. Doch die Kinder sollten in der Krise auf keinen Fall instrumentalisiert werden. In allen Gemeinden gibt es spezielle Beratungsstellen, die Familien in Trennungssituationen unterstützen. Es gibt so viel zu regeln, das kann die Eltern schnell überfordern. Hinzu kommen die emotionalen Reaktionen, die es den Eltern oft schwer machen, vernünftig miteinander zu reden. Hier ist eine neutrale Stelle eine gute Hilfe.

> Die tiefe Liebe eines Kindes zu Mama und Papa entsteht im ersten Lebensjahr und ist unauslöschlich.

Die meisten Kinder reagieren erst einmal erstaunlich gefasst auf eine Trennung und halten sich an ihren Alltag und die gewohnten Rituale. Trotzdem leiden sie, da die Aufmerksamkeit der Erwachsenen abgelenkt ist und Kinder oft auch zwischen die Fronten geraten. Verhaltensauffälligkeiten und psychosomatische Störungen treten bei vielen Kindern erst später auf. „Er ist ja noch so klein und versteht nichts" – das ist ein großer Irrtum. „Sie ist ja schon so groß und vernünftig und ihr geht ja nichts ab" – soll eher die Erwachsenen beruhigen. Scheidungskinder, egal welchen Alters, zeigen ihr Leben lang Belastungen. Alle emotionalen Ereignisse hinterlassen Spuren in dem emotionalen Gedächtnis und das Stresssystem reagiert immer wieder auf ähnliche Auslöser. Wie stark die Belastungen sind, hängt unter anderem von der Art und Weise ab, wie die Trennung vollzogen wird. Wenn sich die Eltern hierbei verantwortungsbewusst verhalten, kann dies größeren Schaden in der kindlichen Seele vermeiden helfen.

**Tipps**

- Wenn Sie und Ihr Partner beschlossen haben, sich zu trennen, reden Sie gemeinsam und in Ruhe mit Ihrem Kind darüber. Bereiten Sie Ihr Kind darauf vor, dass Papa oder Mama ausziehen wird. Versichern Sie ihm, dass es keine Schuld daran hat, dass sich Papa und Mama nicht mehr lieben.

- Versichern Sie ihm, dass Sie es als Mama und Papa immer lieb haben werden und es immer Mama und Papa haben wird.
- Vermeiden Sie es, auf den anderen Elternteil zu schimpfen und ihm die Schuld zu geben, sonst kommt Ihr Kind in einen Loyalitätskonflikt.
- Behalten Sie für Ihr Kind die Alltagsrituale bei, das gibt ihm Halt und Sicherheit.
- Schimpfen Sie nicht mit Ihrem Kind, wenn es Verhaltensauffälligkeiten zeigt, denn auf diese Weise zeigt es seine Anspannung, seine Verunsicherung. Es braucht viel Trost und Verständnis. Können Sie das gerade nicht geben, da Sie selbst am Limit sind, darf das Kleinkind zur Oma oder zur besten Freundin.

### Sorgen Sie für Stabilität

Kommen Sie Ihrem Kind entgegen und betreiben Sie Schadensbegrenzung, indem Sie mit ihm möglichst in der Wohngegend bleiben, damit Ihr Kind nicht auch noch seine kleine vertraute Welt und damit seine sozialen Bindungen verliert.

Beantragen Sie das gemeinsame Sorgerecht. Damit ist gewährleistet, dass bei der Regelung aller Angelegenheiten, die das Kind betreffen, Sie als Eltern entscheiden. Alles, was zu regeln ist, von Wohnrecht, Besuchsrecht, Wochenendregelung über Anschaffungen, Einschulung bis hin zur Feriengestaltung ist damit viel mehr auf das kindliche Wohl zugeschnitten. Das gemeinsame Sorgerecht sorgt dafür, dass Sie beide Ihre Elternrolle ernst nehmen und ein hohes Maß an Toleranz und Kompromissbereitschaft entwickeln werden.

Bitten Sie die jeweiligen Großeltern unparteiisch zu bleiben, um Ihrem Kind nicht auch noch die gewohnte familiären Bindungen und diese vertrauten Orte zu nehmen.

Auch wenn der Kontakt zu einem Elternteil erst einmal abbricht, braucht Ihr Kind die Gewissheit, dass ihm dieser andere Elternteil nicht verloren geht. Es lebte in einem Beziehungsdreieck, das ihm Halt und Sicherheit gab. Auch wenn es noch so schwer fällt: Seien Sie fair zu Ihrem Partner. So kann Ihr Kind lernen, zwischen dem Bruch der Partnerbeziehung und seiner Beziehung zu den Eltern zu unterscheiden. Somit wird sein Bild von Mama und Papa nicht zerstört.

Versuchen Sie alle finanziellen und rechtlichen Fragen an einem neutralen Ort und ohne Ihr Kind zu besprechen. Geht es nicht einvernehmlich, gibt es dafür einen Mediator in einer Beratungsstelle.

## Eine neue Familie entsteht

Nach dem Sturm der Veränderungen und Arrangements der getrennten Partner tauchen möglicherweise schon bald oder auch nach einer längeren Zeit die nächsten Verwirrungen für das Kind auf. Nämlich dann, wenn ein Elternteil einen neuen Partner kennenlernt und diesen seinem Kind vorstellt. Kleinere Kinder lassen sich schnell begeistern, wenn die neue Freundin von Papa so schöne Geschichten erzählt oder der Freund von Mama so tolle Spiele macht. Sie können aber auch eifersüchtig reagieren, da sie die Aufmerksamkeit von Mama oder Papa nun wieder teilen müssen.

> Die neue Familie braucht Zeit, bis sie sich stabil fühlt, in der Regel mindestens fünf Jahre.

Noch verwirrender wird es, wenn dieser neue Partner auch Kinder hat. Ältere Kinder können sehr eifersüchtig werden und bekommen noch einmal Verlustängste. Kündigt sich dann noch ein neues Geschwisterkind an, kann es für das eine oder andere Kind zu viel werden. In Patchwork-Familien brauchen die Erwachsenen viel Fingerspitzengefühl und eine riesige Portion Toleranz angesichts all der Bedürfniskonflikte und emotionalen Konflikte.

**Tipps**

- Lassen Sie sich Zeit. Neue Beziehungen aufzubauen braucht viel Geduld. Erwarten Sie nichts Unmögliches von Ihrem Kind oder Ihrem Ex-Partner. Sie sind verliebt, doch bei Ihren Kindern können ganz andere Gefühle auftauchen. Gestehen Sie ihnen Trauer, Verwirrung und Eifersucht zu.

- Machen Sie sich bewusst, dass Ihr neuer Partner über seine Kinder immer mit seinem vorherigen Partner in Beziehung bleibt, so wie Sie auch. Geschwisterkinder und Stiefgeschwister sind immer Konkurrenten um die Liebe und Aufmerksamkeit ihrer Eltern.
- Konflikte sind an der Tagesordnung, da Altlasten diese Stieffamilien sehr belasten können. Es ist sehr viel Toleranz, Konfliktfähigkeit und Kooperationsfähigkeit erforderlich, damit eine Patchworkfamilie funktioniert.
- Der neue Stiefvater oder die neue Stiefmutter können niemals Papa und Mama ersetzen, auch wenn es ihnen gelingt, emotional eine gute Bindung aufzubauen.

## So sieht faire Konfliktlösung aus

Konflikte gehören zum Leben, insbesondere zum Leben mit Kindern. In Familien sind Streit und Ärger an der Tagesordnung, in den vorangegangenen Kapiteln wurden viele dieser Alltagskonflikte beschrieben. Wie Sie gelesen haben, lässt es sich oft vermeiden, dass ein Konflikt eskaliert. Um einen Konflikt langfristig zu lösen, müssen jedoch die Ursachen erkannt und bearbeitet werden.

Bei Konflikten unter Geschwistern kommt es durchaus vor, dass ein Kind einen Streit anzettelt. Kommen dann Mama oder Papa angelaufen, schiebt es den andern die Schuld zu. Die Eltern ergreifen Partei, die Geschwister werden ermahnt oder ausgeschimpft und der Verursacher steht fein da.

Oder das Kind will nicht ins Bett, Mama geht geduldig auf all seine Ablenkungsmanöver (unerwünschte Verhaltensweisen) ein, bis Papa genervt eingreift. Jetzt streiten sich die Eltern. „Du bist viel zu weich und lässt dir auf dem Kopf rumtanzen!", sagt Papa. Mama, schon leicht genervt, weil wieder alles so lange dauert, hat jetzt einen Blitzableiter und faucht Papa an: „Du hast leicht reden, bist ja nie zu Hause, immer muss ich alles mit dem Kind alleine machen und jetzt meinst du, du musst dich auch noch einmischen." Rums fliegt die Tür hinter Papa zu, Mama läuft ihm nach und beide streiten sich im Wohnzimmer weiter. Der Sohn freut sich, er kann jetzt weiterspielen. Oder er ist verunsichert.

Eltern sind immer Modell für das Kind, wenn es darum geht, wie man mit Konflikten umgeht. Insbesondere Bedürfniskonflikte können konstruktiv gelöst werden, indem die Ursachen aufgedeckt werden. In einem ruhigen Moment (nicht in der erregten Phase!) wird versucht, mit dem Kind oder dem Partner nach Lösungsmöglichkeiten zu suchen. Sehr häufig werden Konflikte aber destruktiv gelöst, mit Vorwürfen und Anklagen. Da wird sich beleidigt zurückgezogen, es gibt Sieg oder Niederlage. Man kommt vom Hölzchen aufs Klötzchen – „Was ich dir immer schon sagen wollte" – und der Streit eskaliert. Die Stimmung bleibt gereizt, was wiederum Kinder sehr verunsichert.

Wenn Mama und Papa nicht mehr miteinander reden, bekommen die Kinder Angst, dass sie schuld daran sind, wenn die Eltern sich nicht versöhnen. Wird ein Kind links liegen gelassen, was man ja als Aufmerksamkeitsentzug oder Ignorieren bezeichnet, empfindet das Kind das als Liebesentzug. Die Folge kann unerwünschtes Verhalten sein, um wieder Aufmerksamkeit zu bekommen. Unsichere Kinder werden still und ziehen sich zurück.

Es gibt aber auch Familien, da wird nie gestritten, Konflikte gibt es durchaus, aber diese werden totgeschwiegen, unter den Teppich gekehrt. Kinder haben feine Antennen und spüren, dass etwas nicht stimmt, wenn die Eltern sehr sachlich miteinander umgehen. Auch dieses Verhalten verunsichert Kinder, sie wissen nicht, was los ist, bekommen auf Nachfrage keine befriedigende Antwort, lernen somit auch nicht, dass Streit zum Zusammenleben dazugehört und Konflikte auch gelöst werden können. Es kommt allerdings immer darauf an, wie die Konflikte gelöst werden, unfair oder fair, destruktiv oder konstruktiv.

Im Kasten finden Sie einige Fragen, die Ihnen helfen, bei Konflikten einen klaren Blick für die aktuelle Situation und das Problem zu bekommen.

**REFLEKTIEREN SIE DIE SITUATION**

- Welches Verhalten meines Partners oder meines Kindes empfinde ich als problematisch? Geht es darum, dass etwas nicht gemacht wird (mithelfen, aufräumen, ins Bett gehen)? Oder geht es um etwas, das häufig gemacht wird und mich stört (anschreien, rummeckern)?
- Welche Erwartungen habe ich gerade an mein Kind oder an meinen Partner? Sie sollten der aktuellen Lebenssituation angemessen sein, Erwartungen an das Kind sollten altersgerecht, weder zu hoch noch zu niedrig sein.
- Kann ich auch erwünschte, positive Verhaltensweisen sehen und anerkennen?
- Welche Motive können hinter dem Verhalten stehen?
- Hat das mit meiner Person zu tun oder mit der gesamten Familiensituation?
- Bin ich gerade überfordert?
- In welcher Stimmung befinde ich mich gerade? Sorge ich gut für mich?
- Wie ist die Stimmung meines Kindes, meines Partners?
- Wie spreche ich im Alltag mit meinem Kind, meinem Partner? Destruktiv oder ermutigend?
- Wie ist zurzeit der Umgangston in der Familie, wie ist die Stimmungslage?

Mit diesen Überlegungen analysieren Sie nicht nur das Verhalten, das Sie gerade stört, sondern auch die Gesamtsituation in der Familie und Ihr eigenes Verhalten. Verhalten beeinflusst sich ja immer wechselseitig, die Familie reagiert wie ein Mobile. Haben Sie sich auf diese Weise Gedanken über das Problem gemacht, können Sie die Ursachen des Konfliktes erkennen und somit besser einschätzen. Im Zweiergespräch können diese Reflexionen dann als Vermutung angesprochen werden.

**Tipps**

- Lassen Sie Ihre Kinder ihre Konflikte selbst lösen. Greifen Sie nur ein, um zu deeskalieren, trennen Sie die Streithähne, werden Sie aber nicht parteiisch!
- Bevorzugen Sie kein Kind offensichtlich, selbst wenn Sie in Gedanken unterschiedliche Sympathien haben.
- Achten Sie auf Ihren Partner, Konflikte sind häufig unausgesprochene Bedürfnisse nach Nähe, Intimität und Unterstützung.
- Immer nur nachgeben ist Feigheit!
- Nie nachgeben ist Sturheit!
- Nicht reden ist Dummheit!
- Nicht handeln ist Bequemlichkeit!

### Der Familienrat

Mit Kindern ab vier Jahren können Sie einmal in der Woche, vielleicht beim Sonntagsfrühstück, einen Familienrat abhalten. Jeder darf sagen, wie er sich gerade in der Familie fühlt, wie seine Stimmung ist und was ihn gerade stört, worüber er unzufrieden ist. Dazu wird ein „Stimmungsbarometer" in die Mitte gelegt, mit der Skala „sehr gut – gut – schlecht – sehr schlecht". Darauf kann sich jeder einordnen. Eltern unterschätzen häufig Vorschulkinder in ihrer Wahrnehmung der täglichen Situationen und Konflikten. Kinder können gut beschreiben, was sie stört, warum sie nicht immer so wollen, wie die Eltern sich das vorstellen.

Nun können Eltern und Kinder gemeinsam nach Lösungen suchen. Danach wird die Stimmung gut sein und die

> Das Motto für den Familienrat: Miteinander, nicht gegeneinander.

Kinder sind bereit, ihr erwünschtes Verhalten zu zeigen. So lernen die Kinder Verantwortung für ihr Verhalten zu übernehmen. Eltern wird noch einmal deutlich, dass Verhalten immer miteinander in Wechselwirkung steht. Sie lernen, dass ihr Verhalten bei Bedürfniskonflikten und emotionalen Konflikten häufig der Auslöser für unerwünschtes Verhalten beim Kind ist.

Wenn Familien sich regelmäßig in einem Familienrat offen austauschen, mit festen Kommunikationsregeln, ist das der bestmögliche Weg, um Alltagskonflikte schnellstmöglich zu klären und gemeinsam Änderungen zu finden. Eine wichtige Regel dabei ist: Dialoge statt Monologe.

Kinder lernen über diesen offenen Austausch, mehr Verantwortung für das Familiengefüge zu übernehmen und sie erfahren, dass ihre Eltern ähnliche Wünsche und Empfindungen haben wie sie selbst. Kinder lernen teamfähig zu werden, was sie im Kindergarten und später in der Schule gut anwenden können. Der Familienrat macht sie somit sozial kompetent. Eltern fühlen sich in ihrer Erziehungsaufgabe nicht mehr alleine und werden zum Familiencoach.

### KOMMUNIKATIONSREGELN FÜR DEN FAMILIENRAT

- Zu Beginn wird ein Gesprächsleiter festgelegt, der für die Einhaltung der Kommunikationsregeln sorgt.
- Jeder darf reihum zu Wort kommen. Da kleine Kinder noch schlecht warten können, dürfen sie als erste reden.
- Jeder trägt sein Anliegen als Ich-Botschaft vor.
- Niemand wird unterbrochen oder ausgelacht. Der Sprecher wird ernst genommen, auch die Kleinsten!
- Nach drei Sätzen gilt „Stopp", sonst sind es zu viel Information für die anderen Zuhörer.
- Die anderen oder ein Familienmitglied, das sich angesprochen fühlt, sagt, was es gehört hat und wie seine Empfindungen sind. Dabei geht es nicht um Anklage und Verteidigung, sondern darum, die Bedürfnisse des anderen zu sehen und zu hören und darüber zu sprechen.
- Vorwürfe werden sofort gestoppt und sollten in Wünsche verwandelt werden.
- Das Gespräch sollte 30 bis maximal 45 Minuten dauern, so lange bleiben alle im Raum! Je kleiner die Kinder, desto kürzer der Zeitraum.
- Telefonanrufe und die Türklingel werden ignoriert.

Die wichtigsten Kommunikationsregeln für den Familienrat sind im Kasten zusammengefasst. Legen Sie für das Gespräch eine Zeit fest, die für alle passt. Besser morgens als abends, denn die Kinder sollten nicht zu müde sein.

Den Familienrat und faire Konfliktgespräche habe ich ausführlich und mit konkreten Beispielen in meinem Ratgeber „So rede ich richtig mit meinem Kind" beschrieben.

# SCHLUSSWORT

In der Erziehung ist es manchmal wie beim Kochen: Viele Köche verderben den Brei und zu viel Experimentieren macht nicht satt und zufrieden. Eltern wollen ohne viel Zeitaufwand die täglichen Erziehungsanforderungen meistern und möglichst ohne Machtkämpfe zu ihrem Ziel kommen. Die Kinder sollen funktionieren und sollen sich dem Tagesablauf ohne großen Widerstand anpassen. Die Eltern wollen die durch ihre Berufstätigkeit oft knappe gemeinsame Freizeit mit ihren Kindern genießen.

Doch häufig wollen die Kinder nicht so, wie ihre Eltern sich das wünschen. Konflikte sind an der Tagesordnung, Kinder und Eltern wechselseitig frustriert. Die meisten Eltern haben sich Erziehung nicht so anstrengend vorgestellt.

Dieser Ratgeber hat Ihnen lern- und kommunikationspsychologische Erkenntnisse in Verbindung mit den wichtigsten Entwicklungsstufen und den dazugehörigen Verhaltensmustern vermittelt. Sie sollen den Blick der Eltern und Erzieher schärfen und die Geduld fördern. Erziehungsfallen sollen möglichst vermieden werden. Konflikte sind an der Tagesordnung, sollten aber fair gelöst werden. Das tägliche Miteinander kann somit wieder lebendig und wertschätzend gestaltet werden und sogar Spaß machen. Es lohnt sich, sich das ABC der Erziehung anzueignen, denn das Familienleben ist und bleibt ein lebenslanger Lernprozess.

# BÜCHER ZUR VERTIEFUNG

Jesper Juul: Elterncoaching. Gelassen erziehen. 6. Auflage 2013

Die neue Elternschule: Kinder richtig verstehen – ein praktischer Erziehungsratgeber: Kinder richtig verstehen und liebevoll erziehen. 2., aktualisierte Neuauflage 2010

Rudolf Dreikurs, Vicki Soltz: Kinder fordern uns heraus. Wie erziehen wir sie zeitgemäß? 18. Auflage 2011

Arnd Stein: Wenn Kinder aggressiv sind. Wie wir verstehen und helfen können. 6. völlig überarbeitete Auflage 1995, broschiert 2010

Doris Heueck-Mauß: Das Trotzkopfalter. Der Ratgeber für Eltern von 2- bis 6-jährigen Kindern. Der richtige Umgang mit kindlichen Emotionen. Das Erziehungs-ABC mit Tipps und Strategien. 7. Auflage 2013

Doris Heueck-Mauß: So rede ich richtig mit meinem Kind. Wie Worte wirken. Konflikte fair lösen. Stressfreier erziehen. Für Eltern von 3- bis 10-jährigen Kindern. 2. Auflage 2013

# Register

Doris Heueck-Mauß

## Das Trotzkopfalter

Der Ratgeber für Eltern
von 2- bis 6-jährigen Kindern

Der richtige Umgang
mit kindlichen Emotionen

Das Erziehungs-ABC
mit Tipps und Strategien

176 Seiten, 11,8 x 17,0 cm, Broschur
ISBN 978-3-86910-627-4
€ 9,95

Auch als E-Book erhältlich.

„Ich will aber nicht!" – Mit großem Eifer versuchen Kinder, ihre Grenzen auszuloten. Sie bringen ihre Eltern häufig an den Rand der Verzweiflung. Dieser Ratgeber hilft Eltern, die Gefühle und Affekte ihrer Kinder zu verstehen und damit umzugehen.

*„Das von der Autorin entwickelte Beziehungs-ABC gibt Antworten auf einige Fragen, das Trotzkopfalter betreffend. Jedes Verhalten hat einen Anfang oder Auslöser (A). Auf das Verhalten des Kindes (B) folgt die Reaktion der Eltern (C). Die typischen Trotzreaktionen beschreibt die Autorin und Psychotherapeutin nicht nur aus Eltern-, sondern auch aus Kindersicht. Ein Buch, das Eltern die Kraft und neue Ideen geben soll, ihrem Kind Grenzen setzen zu lernen, und die Trotzkopfphase möglichst stressfrei zu gestalten."*
*Braunschweiger Zeitung*

Doris Heueck-Mauß

## So rede ich richtig mit meinem Kind

Wie Worte wirken

Konflikte fair lösen

Stressfreier erziehen

Für Eltern von 3- bis 10-jährigen Kindern

168 Seiten, 11,8 x 17,0 cm, Broschur
ISBN 978-3-86910-630-4
€ 12,99

Auch als E-Book erhältlich.

Wenn Kinder sprachlich immer geschickter werden und ihren Willen äußern können, dann sind Konflikte an der Tagesordnung. Verbote, Schimpfen und Ermahnen rufen oft nur den Widerstand des Kindes hervor. Meist enden solche Situationen mit Frust auf beiden Seiten. Doch es geht auch anders!

Die Psychologin Doris Heueck-Mauß zeigt, wie Eltern mit einer offenen und klaren Kommunikation ihre Ziele bei Kindern stressfrei erreichen. Anhand vieler Beispiele erklärt sie kommunikationspsychologische Erkenntnisse und gibt praktische Tipps für alle typischen Lebenslagen.

Änderungen vorbehalten

Melanie Gräßer · Eike Hovermann

## Familien-Chaos im Griff

Profitipps von Kindergarten-Erzieherinnen
für einen stressfreien Alltag

Der Ratgeber für Eltern von 2- bis 6-jährigen
Kindern

Empfohlen von: Akademie für Kindergarten,
Kita und Hort

208 Seiten, 11,8 x 17,0 cm, Broschur
ISBN 978-3-86910-628-1
€ 12,95

Auch als E-Book erhältlich.

Quengeln, jammern, heulen: Der Alltag mit Kindern kann Erwachsenen
viel Stress verursachen! Schwierigkeiten und Probleme im Familienalltag sollten nicht verdrängt, sondern als Motivation für Veränderungen
angesehen werden. Doch wie geht man mit diesen Situationen um?

Mehr als 100 Erzieherinnen und weitere Experten haben für diesen Ratgeber in Kooperation mit der Kindergartenakademie die besten Tipps
für einen stressfreien Tagesablauf und typische Situationen zusam-
mengestellt: vom Aufstehen bis zum Schlafengehen, daheim, im Urlaub
oder beim Arzt.

Eine inspirierende Quelle für einen entspannten Eltern-Alltag!

Änderungen vorbehalten

Andrea Micus · Günther Hoppe

## Jedes Kind kann stark sein

So führen Sie Ihr Kind in ein selbstbewusstes und glückliches Leben

Für Eltern von 8- bis 14-jährigen Schulkindern

208 Seiten, 11,8 x 17,0 cm, Broschur
ISBN 978-3-86910-626-7
€ 12,95

Auch als E-Book erhältlich.

Stress, Versagensängste, fehlende Leistungsbereitschaft oder Konflikte: Der Schulalltag fordert Kinder – wer psychisch nicht gefestigt ist, geht schnell unter. Besonders im Alter zwischen 8 und 14 Jahren sind Niederlagen und Erfolge prägend.

Die Autoren zeigen, wie Eltern Probleme rechtzeitig erkennen und das Selbstvertrauen ihrer Kinder stärken können. Zehn einfache Strategien helfen, um die Schulkinder in ein starkes, selbstbestimmtes und glückliches Leben zu führen.

Änderungen vorbehalten

**Bibliografische Information der Deutschen Nationalbibliothek**
Die Deutsche Nationalbibliothek verzeichnet diese Publikation in der
Deutschen Nationalbibliografie; detaillierte bibliografische Daten sind im
Internet über http://dnb.ddb.de abrufbar.

**ISBN 978-3-86910-629-8** (Print)
**ISBN 978-3-86910-727-1** (PDF)
**ISBN 978-3-86910-726-4** (EPUB)

Die Autorin: Seit vielen Jahren liegt der Arbeitsschwerpunkt der Diplom-
Psychologin Doris Heueck-Mauß auf den Themen Entwicklung des Kindes,
menschliches Verhalten und Kommunikation. 1974 machte die Münchnerin
ihr Examen in klinischer Psychologie und arbeitete danach mit sozial-emo-
tional gestörten Kindern im Kinderzentrum München. Seit 1997 ist sie im
Münchener Familienkolleg als Psychologin mit den Schwerpunkten Präven-
tives Elterntraining „PET" sowie Fortbildungsseminaren in Verhaltens- und
Kommunikationstraining tätig und betreibt seit 1982 eine eigene psychothe-
rapeutische Praxis. Viel Beachtung fanden ihre Vorträge in Kindergärten und
Münchner Grundschulen zu den Themen Entwicklung und Erziehung vom
Vorschulalter bis zur Pubertät. Doris Heueck-Mauß ist Bestseller-Autorin der
Ratgeber „Das Trotzkopfalter" und „So rede ich richtig mit meinem Kind".

Originalausgabe

© 2014 humboldt
Eine Marke der Schlüterschen Verlagsgesellschaft mbh & Co. KG,
Hans-Böckler-Allee 7, 30173 Hannover
www.schluetersche.de
www.humboldt.de

| | |
|---|---|
| **Lektorat:** | Annette Gillich-Beltz, Essen |
| **Layout:** | Sehfeld, Hamburg |
| **Covergestaltung:** | Kerker + Baum Büro für Gestaltung, Hannover |
| **Coverfoto:** | Jutta Klee/ableimages/Corbis |
| **Satz:** | PER Medien+Marketing GmbH, Braunschweig |
| **Druck und Bindung:** | Werbedruck Aug. Lönneker GmbH & Co. KG, Stadtoldendorf |

Hergestellt in Deutschland.